Sandra Blum
Claudia Gunther
Kornelia Milan
Anja Ritterhoff
Ankje Serke

Kinderleichte Weihnachtsbastelei

Geschenke, Dekos, Christbaumschmuck & mehr

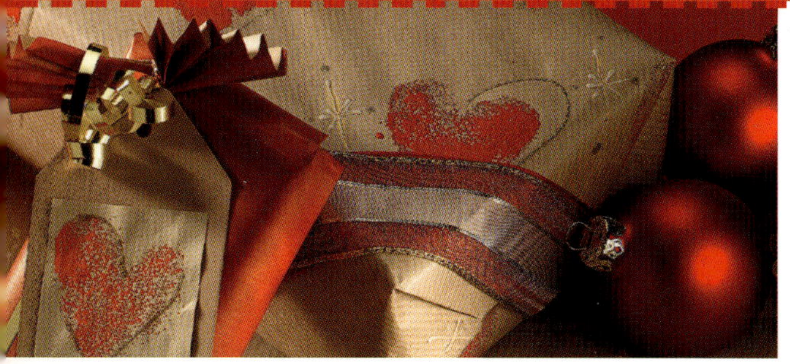

Kinderleichte Weihnachtsbastelei

Weihnachtszeit ist Bastelzeit! Da wollen die Fenster und Räume dekoriert und der Weihnachtsbaum geschmückt werden. Mamas und Papas oder liebe Freundinnen und Freunde freuen sich jetzt über selbst gebastelte Geschenke und Omas und Opas über einen lieben Kartengruß.

Hier im Buch finden kleine und auch etwas größere Bastlerinnen und Bastler viele Vorschläge für tollen Christbaumschmuck, originelle Geschenke oder auch selbst gemachtes Geschenkpapier. Die wertvollen Tipps und Tricks, die vielen Schritt-Bilder und die Angabe, für welches Alter die Idee geeignet ist, sorgen dafür, dass die Basteleien garantiert gelingen.

Wir wünschen allen Kindern und Eltern fröhliche Bastelstunden, eine gemütliche Vorweihnachtszeit und ein schönes Fest!

Tipps

Ihr findet in diesem Buch zahlreiche Tipps und Tricks, damit euch das Basteln noch mehr Spaß macht. Orientiert euch bitte an den folgenden Symbolen:

Bastel-Tipp

Oft sind es nur ein paar kleine Handgriffe, die das Arbeiten leichter machen. Diese Kniffe verraten wir bei den Bastel-Tipps.

Variations-Tipp

Das Modell sieht auch in einer anderen Farbe oder mit anderen Materialien toll aus? Bei den Variations-Tipps findet ihr Vorschläge, wie ihr das Modell abändern könnt.

Anwendungs-Tipp

Ihr sucht ein Modell, das z. B. gut als Geschenk geeignet ist, oder überlegt, wie und wofür ihr das Modell hinterher verwenden könnt? Dann helfen euch die Anwendungs-Tipps weiter.

Einkaufs-Tipp

Wo bekomme ich was? Die Einkaufs-Tipps verraten, wo ihr am besten bestimmte Materialien einkauft, damit ihr nicht stundenlang in verschiedenen Geschäften danach suchen müsst.

Spar-Tipp

Damit noch genügend Geld für die anderen schönen Dinge des Lebens übrig bleibt, zeigen wir bei den Spar-Tipps Tricks und Möglichkeiten auf, die den Geldbeutel lachen lassen.

MATERIALIEN UND WERKZEUGE

Folgende Hilfsmittel und Werkzeuge werden für die meisten der in diesem Buch gezeigten Modelle verwendet. Sie werden in den speziellen Materiallisten zu den einzelnen Modellen nicht mehr mit aufgeführt:

- Bleistift
- Klebefilm
- Klebestift
- UHU Alleskleber kraft und UHU Alleskleber
- Transparentpapier (um Vorlagen zu übertragen)
- dünnen Karton (um Vorlagen zu übertragen)
- Kohlepapier (um Vorlagen zu übertragen)
- Schere
- Lineal
- verschiedene Pinsel

HINWEISE

- Unter „Rest" wird immer ein Stück verstanden, das maximal A5 groß ist.
- Bei etlichen Bastelarbeiten wird Tapetenkleister verwendet. Diesen bitte unbedingt nach Herstellerangaben anrühren, da dies von Anbieter zu Anbieter leicht variieren kann.

So geht es

Vorlagen übertragen

Es gibt verschiedene Möglichkeiten, wie die Vorlagen übertragen werden können.

Mit Transparentpapier

1 Das Transparentpapier auf die Vorlage legen und mit einem weichen Bleistift die Motivlinien nachzeichnen. So überträgt sich das Motiv auf das Transparentpapier. Jedes Motivteil einzeln und ohne Überschneidungen abzeichnen (1).

2 Das Transparentpapier umdrehen und auf den Untergrund (z. B. Fotokarton) legen. Mit einem Bleistift die Linien kräftig nachziehen, sodass die Konturen sich auf den Fotokarton übertragen (2).

3 Die Konturen sind nun seitenverkehrt auf dem Fotokarton abgebildet und werden mit einer guten Schere ausgeschnitten. Alle Teile so anfertigen und für das Zusammenkleben umdrehen.

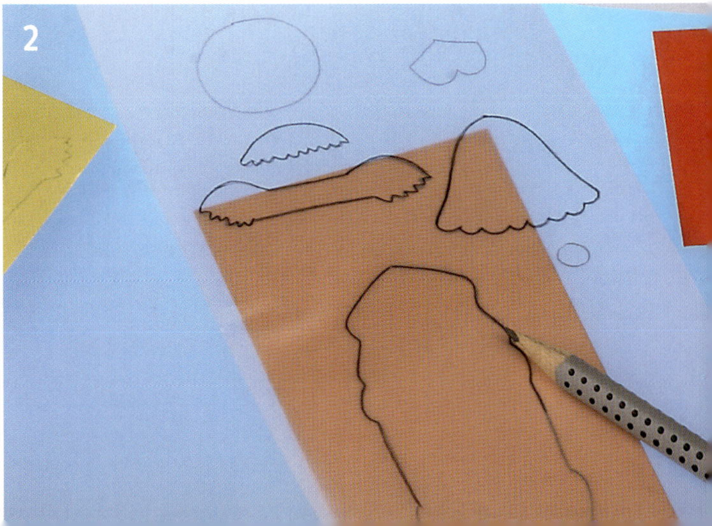

Mit Schablonen

1 Wenn ein Motiv häufiger benötigt wird, kann eine Schablone hergestellt werden. Dazu die Vorlage auf Transparentpapier abpausen.

2 Das Transparentpapier dann auf festen Karton kleben und ausschneiden. Fertig ist die Schablone, die dann auf den Untergrund (z. B. Papier) gelegt und mit einem Bleistift umfahren werden kann.

Mit Kohlepapier

1 Das Kohlepapier mit der beschichteten Seite nach unten auf dem Untergrund platzieren.

2 Dann die Vorlage darüber legen und die Umrisslinien unter starkem Druck nachziehen.

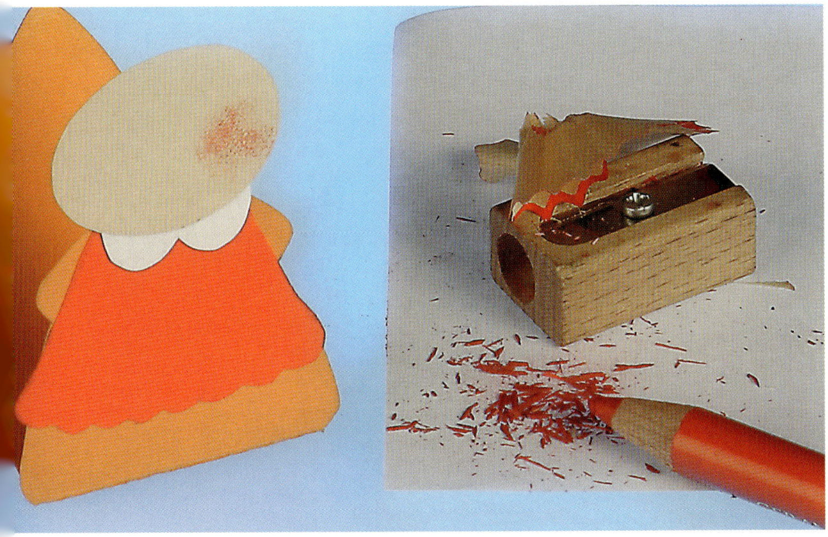

Wangen mit Buntstift röten

1 Die Anspitzreste von einem roten Buntstift auf ein Blatt Papier geben. Mit einem Finger die Reste aufnehmen und auf die Wangen kreisförmig aufreiben. Je fester man reibt, desto intensiver wird der Farbauftrag.

2 Die übrigen Farbpartikel einfach vorsichtig abpusten.

Altersangaben

ab 3 Jahren

ab 6 Jahren

ab 9 Jahren

Bei den Altersangaben handelt es sich nur um Richtwerte. Manche Kinder sind etwas geschickter als andere. Die Hauptsache ist, dass alle mit viel Spaß bei der Sache sind.

SCHMÜCKEN UND DEKORIEREN

Weihnachtszeit ist Dekozeit! Da zieren lustige Gesellen die Fenster, kleine Schneemänner hängen an Zweigen und die Schnipsel-Krippe versetzt einfach jeden in Festtagslaune. Mit den Ideen aus diesem Kapitel wird die Wohnung ruck, zuck weihnachtstauglich.

Zwei lustige Gesellen

→ machen sich überall gut

Schneemann

1 Zwei 8 cm x 8 cm große weiße Quadrate und den Kopf nach Vorlage ausschneiden. Dann den Hut und beide Körperquadrate mit 1,5 cm großen Kügelchen aus Krepppapier dicht bekleben.

2 Die Quadrate von hinten mit weißem Satinband verbinden und unten zwei 8 cm lange Beine ankleben. Zwei große Pompons als Füße befestigen.

3 20 cm Papierdraht für jeden Arm um einen dicken Stift wickeln und wieder abziehen. Die Enden hinter den Körper kleben. Die kleinen Pompons als Hände ankleben.

4 Die Nase aus orangefarbenem Tonkarton ausschneiden und mitten ins Gesicht kleben. Das Gesicht mit Filzstiften aufmalen. Die Wange mit Anspitzresten von einem Buntstift aufreiben und die blaue Hutkrempe ergänzen.

Weihnachtsmann

1 Zwei 8 cm x 8 cm Tonkartonquadrate in Hellrot und eines in Hautfarbe ausschneiden. Die beiden roten Quadrate mit kleinen, ausgerissenen Tonkartonschnipseln bekleben.

2 Die Mütze auf roten Tonkarton aufmalen und ausprickeln, dann hinter den Kopf kleben. Oben den Pompon-Bommel ergänzen.

3 Die beiden Körperquadrate mit Satinband unter den Kopf hängen (siehe Abbildung). Unten einen Mantelrand aus Watte aufkleben.

4 Für die Arme jeweils 20 cm Papierdraht um einen dicken Stift wickeln und wieder abziehen. Die Enden hinter dem Körper ankleben (siehe ebenfalls Abbildung). Die kleinen Pompons als Handschuhe ankleben.

5 Vom Satinband zwei 8 cm lange Stücke abschneiden und unten als Beine ankleben. Darauf jeweils einen großen Pompon als Schuh kleben.

6 Das Weiß der Augen, die Nase und den Mund aus Tonkarton ausschneiden. Bei den Augen die Iris und die Pupillen mit Filzstift aufmalen und dann alle Teile wie abgebildet aufkleben. Die Augenbrauen ebenfalls mit Filzstift aufmalen. Das hautfarbene Quadrat mit Watte umkleben. Dann den Mund ergänzen.

Bastel-Tipp

Statt die Mütze des Weihnachtsmanns auszuprickeln, könnt ihr sie auch einfach nach Vorlage ausschneiden.

MOTIVHÖHE
ca. 43 cm (Schneemann)

MATERIAL

SCHNEEMANN
- Tonkarton in Weiß, A4
- Tonkartonreste in Blau und Hellorange
- 2 Pompons in Weiß, ø 1,5 cm
- 2 Pompons in Weiß, ø 2,5 cm
- Satinband in Weiß, 8 mm breit, 1 m lang
- Papierdraht in Weiß, ø 3 mm, 40 cm lang
- Krepppapier in Weiß und Hellblau
- Filzstifte in Hellblau, Schwarz, Rot und Orange
- Buntstift in Rot

WEIHNACHTSMANN
- Tonkartonreste in Weiß, Hautfarbe, Rot und Hellrot
- Watte
- 2 Pompons in Schwarz, ø 2 cm
- 2 Pompons in Schwarz, ø 2,5 cm
- Pompon in Weiß, ø 2,5 cm
- Satinband in Rot, 8 mm breit, 1 m lang
- Papierdraht in Rot, ø 3 mm, 40 cm lang
- Filzstifte in Hellblau und Schwarz
- Prickelnadel
- Prickelunterlage

VORLAGE SEITE 78

Riesentannenbaum für die Weihnachtspost

→ originell

MOTIVHÖHE
ca. 70 cm

MATERIAL
- Karton, 69 cm x 48 cm
- Acrylfarbe in Hellgrün, Dunkelgrün und Braun
- Tonkartonreste in Rosa, Pink, Rot, Creme und Hellgrün
- Goldpapierrest, matt
- 8 Holzwäscheklammern, 4 cm lang
- Motivlocher mit verschiedenen Motiven, z. B. Engel, Tannenbaum, Blume und Herz
- Putzschwamm
- runder Gegenstand, ø 4,5 cm (z. B. kleines Glas)
- 2-Cent-Münze

1 Zuerst sieben Kartonstreifen in folgenden Größen ausschneiden: 50 cm x 5 cm, 43 cm x 5 cm, 35 cm x 5 cm, 27 cm x 5 cm, 19 cm x 5 cm, 11 cm x 5 cm und 7,5 cm x 5 cm. Der Karton für den Stamm ist 13 cm x 19 cm groß.

2 Die Kartonstreifen und das Kartonstück für den Stamm mit der Acrylfarbe und dem Putzschwamm betupfen.

3 Auf die Tonkartonreste mit dem kleines Glas sechs Kreise aufmalen und ausschneiden. Mit der 2-Cent-Münze drei Kreise auf das Goldpapier malen und ausschneiden. Die ausgeschnittenen Goldkreise in der Mitte teilen und auf die ausgeschnittenen Tonkartonkreise kleben. Dann die Kugeln mit den ausgestanzten Tonkartonmotiven bekleben.

Anwendungs-Tipp

Den Riesentannenbaum hängt ihr am besten mit grünen Reißnägeln auf (für den Stamm braune nehmen). Alternativ geht es auch mit Klebepads.

Schnipsel-Krippe

→ hier reißt jeder gerne mit

MOTIVHÖHE
ca. 35 cm (Stall)

MATERIAL
- Transparentpapier in Rot, Blau, Dunkelgrün, Hellgrün, Braun, Gelb und Weiß, A4
- Tapetenkleister
- Borstenpinsel
- kleine Behälter, z. B. Quarkbecher

1 Alle Transparentpapiere außer Braun und Gelb in kleine Schnipsel reißen und in kleinen Behältern der Farbe nach sortieren. Das braune Transparentpapier in lange Streifen reißen, daraus entstehen der Stall und die Krippe. Aus dem gelben Transparentpapier dünne Streifen für den Stern reißen.

2 Die Schnipsel mithilfe des Pinsels und Kleister auf das Fenster kleben.

Variations-Tipp

Hübsch sieht die Krippe auch aus, wenn du sie mit Fingerfarben direkt auf das Fenster malst. Diese kannst du nach dem Fest leicht wieder abwaschen. Die Schnipsel-Krippe entfernen deine Eltern mit einem Glasschaber vom Fenster.

Eiskristalle

→ aus einem ganz außergewöhnlichen Bastelmaterial

MOTIVHÖHE
ca. 12 cm

MATERIAL PRO EISKRISTALL

- Gärtner- oder Bastelvliesrest in Weiß bzw. Bastelvliesrest in Blau
- Plusterstift in Weiß
- Glitzerstifte in Silber, Rot und Blau
- feiner Filzstift in Blau
- Klarsichthülle

VORLAGE SEITE 76

1 Die Vorlage wie in der allgemeinen Anleitung beschrieben abpausen oder in einem Kopiergeschäft kopieren und in die Klarsichthülle legen.

2 Das Vlies passend zur Vorlage quadratisch ausschneiden und über die Vorlage legen.

3 Mit dem Filzstift den Eiskristall übertragen. Je nach Wunsch mit Glitzer- oder/und Plusterfarbe nachfahren. Dabei ggf. von einem Erwachsenen helfen lassen. Der Filzstift muss nicht unbedingt zum Vormalen verwendet werden. Doch durch den Farbverlauf im Vlies erhält man mit wenig Aufwand eine schöne Färbung (siehe rechts oben und unten).

4 Zum Trocknen den Eiskristall mit einer Wäscheklammer auf eine Leine klemmen.

5 Nach dem Trocknen den Eiskristall auch auf der anderen Seite verzieren.

6 Dann den Eiskristall mit 3 mm Abstand zur Farblinie ausschneiden. Das Ausschneiden sollten die Eltern unterstützen.

Bastel-Tipp

Bastelvlies ist transparenter als Gärtnervlies. Der Bastelvlies kommt somit an Fensterscheiben mit seiner Struktur schön zu Geltung. Der Gärtnervlies wirkt besonders gut freihängend in Räumen.

Wattekugel-Schneemänner

→ bleiben auch nach Weihnachten noch gerne hängen

MOTIVHÖHE
ca. 4,5 cm (kleiner Schneemann)

MATERIAL FÜR ALLE SCHNEEMÄNNER
- Dekoschneepaste in Weiß
- Lackmalstift in Schwarz
- Glitterstift in Rot
- Borstenpinsel, Gr. 6
- Schaschlikstäbchen
- Nylonfaden, ø 0,25 mm
- spitze Nadel
- Korkenzieherhaselast
- Glas

ZUSÄTZLICH FÜR JEDEN KLEINEN SCHNEEMANN
- je 1 Wattekugel, ø 1,2 cm und 2 cm
- Zylinder in Schwarz, ø 2 cm
- Band in Rot-Weiß kariert, 5 mm breit, 10 cm lang

ZUSÄTZLICH FÜR JEDEN MITTLEREN SCHNEEMANN
- je 1 Wattekugel, ø 2 cm und 2,5 cm
- Zylinder in Schwarz, ø 2,5 cm
- Band in Rot-Weiß kariert, 5 mm breit, 11 cm lang

ZUSÄTZLICH FÜR JEDEN GROSSEN SCHNEEMANN
- je 1 Wattekugel, ø 3 cm und 3,5 cm
- Zylinder in Schwarz, ø 3 cm
- Band in Rot-Weiß kariert, 5 mm breit, 14 cm lang

1 Die Wattekugeln auf Schaschlikstäbchen spießen, den Dekoschnee mit dem Borstenpinsel auftragen und die Stäbchen zum Trocknen in ein Glas o. Ä. (siehe Abbildung) stellen.

2 Mit einer spitzen Nadel je zwei Löcher in den Zylinder stechen, ca. 10 cm bis 15 cm Nylonfaden von oben nach unten durchziehen und unten verknoten. Hierbei evtl. von einem Erwachsenen helfen lassen. So ist der Knoten später in dem Hut und nicht mehr zu sehen.

3 Die passenden Wattekugeln aufeinander kleben, den Zylinder auf dem Kopf fixieren und das Band als Schal um den Hals binden.

4 Mit dem Lackstift die Augen und mit dem Glitterstift die Nase aufmalen.

5 Die Schneemänner beliebig an einem Korkenzieherhaselast dekorieren.

Einkaufs-Tipp

Die kleinen Zylinder gibt es z. B. im gut sortierten Bastelfachhandel zu kaufen

Nikolaus und Engel aus Baumwoll-Säckchen

→ eine lustige Idee

MOTIVHÖHE
ca. 17 cm (Engel)

MATERIAL FÜR BEIDE FIGUREN

- 2 Baumwoll-Säckchen, 10 cm x 14,5 cm
- Fotokartonreste in Hautfarbe und Braun
- Füllwatte
- Filz in Rot, 9 cm x 11,5 cm und Rest (für die Mütze)
- Filzrest in Gelb
- Tüll in Weiß, 5 cm x 12 cm
- Garn in Weiß
- Buntstifte in Rot und Schwarz
- Becher, ø 4,5 cm (z. B. eine Plastikdose)

1 Beide Baumwoll-Säckchen mit Füllwatte füllen und die Kordel zusammenziehen. Dann jedes Säckchen im oberen Drittel mit dem Garn zusammenbinden, sodass der Kopf entsteht (siehe Abbildung).

2 Mithilfe eines Bechers jeweils einen Kreis auf den Fotokarton zeichnen, ausschneiden, das Gesicht aufmalen und auf den abgebundenen Kopf kleben.

3 Dem Engel frei Hand ausgeschnittene Sterne aus Filz aufkleben. Dann für die Flügel den Tüllstoff an der langen Seite in der Mitte zusammenbinden und auf den Rücken kleben (siehe ebenfalls Abbildung). Für die Haare einen Rest Füllwatte auf den Kopf kleben.

4 Für den Nikolaus das rote Filzrechteck in der Mitte einschneiden und auf den Körper kleben. Aus dem Filzrest frei Hand eine kleine Mütze zuschneiden und aufkleben. Den Bart und den Mützenrand aus Füllwatte aufkleben. Aus dem braunen Fotokarton frei Hand einen Stab ausschneiden und ebenfalls aufkleben.

5 Die Säckchen aufstellen oder aufhängen.

Variations-Tipp

Statt Füllwatte könnt ihr auch Märchenwolle verwenden.

Tischsets aus Filz

→ auch als Geschenk wunderbar geeignet

MOTIVHÖHE
ca. 28 cm

MATERIAL
- Filzplatten in Beige und Dunkelblau, 4 mm stark, 45 cm x 28 cm
- Filzreste in verschiedenen Farben
- Reste von gelockter Märchenwolle in Weiß
- Ausstechformen: Engel, Stern und Mond

1 Mithilfe der Ausstechförmchen oder frei Hand (wie z. B. die Tannenbäume) die Motive auf die Filzreste aufzeichnen und ausschneiden.

2 Die ausgeschnittenen Teile nach Belieben auf die Filzplatte kleben und ausschmücken.

Variations-Tipp

Schaut euch bei euch zuhause in der Küche um. Vielleicht findet ihr ja auch noch Ausstechformen mit einem Nikolaus- oder Zuckerstangenmotiv. Das sähe auch sehr hübsch aus.

Vom Himmel hoch

→ ein ganz außergewöhnlicher Himmelsbote

MOTIVHÖHE
ca. 15 cm (nur der Engel)

MATERIAL
ENGEL

- kleiner Jogurtbecher
- Fotokartonrest in Hautfarbe
- Märchenwollrest in Weiß
- dünne Paketschnur, 10 cm lang
- 2 Holzspatel (z. B vom Stieleis), 6,5 cm lang
- Recyclingpapier oder Zeitungspapier
- Lackfarbe in Weiß und Gold
- Becher, ø 4,5 cm (z. B. Jogurtbecher)
- Klebeband
- Borstenpinsel
- Buntstifte in Rot und Schwarz
- Tapetenkleister

KERZEN

- Bienenwachs, 500 g
- Baumwolldocht, feine bis mittlere Stärke, 50 cm lang
- hohe Konservendose
- Kochtopf
- Messer

Engel

1 Als Arme die Holzspatel mit Klebeband auf die Becherunterseite kleben. Das Papier in etwa 2 cm x 5 cm große Stücke reißen und mit Tapetenkleister über den Becher und die Arme kleben.

2 Einen 2 cm x 26 cm großen Papierstreifen zuschneiden und zu einer Papiertreppe (2 cm x 2 cm) falten. Mit der Schere ein Dreieck daraus schneiden und auffalten, sodass eine Zick-Zack-Kette entsteht. Diese um den Becherrand kleistern und alles gut trocknen lassen.

3 Den Becher mit weißer Lackfarbe anmalen und frei Hand Goldsterne aufmalen.

4 Mithilfe eines kleinen Bechers (ø 4,5 cm) den Kopf auf den Fotokarton zeichnen und ausschneiden. Für den Hals noch ein 2 cm x 3 cm großes Rechteck ausschneiden und an den Kopf kleben. Das Gesicht mit Buntstiften aufmalen und mit weißer Märchenwolle die Haare gestalten. Die Paketschnur dient als Haarschleife.

Kerzen

1 Das Dochtstück etwas länger als die Dosenhöhe zuschneiden. An das untere Ende des Dochts eine kleine Bienenwachskugel drücken.

2 Das Wachs im Wasserbad schmelzen. Dabei von einem Erwachsenen helfen lassen. Den Docht mit den Fingern halten und senkrecht in das geschmolzene Bienenwachs tauchen, bis die Wachskugel den Dosenboden berührt.

3 Den Docht hochziehen und über der Dose abtropfen lassen, dann wieder eintauchen. Diesen Vorgang so oft wiederholen, bis die gewünschte Kerzenstärke erreicht ist. Je nach Temperatur des Wachses ist die Kerze nach neun bis zwölf Mal Eintauchen fingerdick. Das Ende der Kerze mit dem Messer glatt abschneiden.

Bastel-Tipp

Aus der angegebenen Materialmenge könnt ihr mindestens zehn Kerzen arbeiten. Es ist allerdings wichtig, dass die Dose immer gut mit Wachs gefüllt ist, weil man sonst gar keine Kerzen ziehen kann.

Goldglanz

→ edel

Zweigsterne

1 Aus Tonmasse ca. ø 2,5 cm große Kugeln formen. In die noch weiche Masse ca. 3 cm lange, zur eine Öse gebogene Drahtstücke einstecken (siehe Abbildung).

2 In jede Kugel fünf Zahnstocher in gleichen Abständen einstecken, dazwischen fünf Blätter oder Zweige. In die Mitte der Kugel eine Beere eindrücken und wieder wegnehmen. Die Sterne über Nacht trocknen lassen.

3 Nach dem Trocknen alles in Gold anmalen oder besprühen. Nachdem die Farbe getrocknet ist, die Beeren mit etwas Klebstoff in den eingedrückten Löcher wieder einsetzen.

4 Zum Aufhängen Faden durch die Drahtöse führen und verknoten.

MOTIVHÖHE
ca. 8 cm (Zweigstern)

MATERIAL ZWEIGSTERNE
- lufttrocknende Tonmasse in Weiß
- pro Stern 5 Zahnstocher
- gesammelte Zweiglein, Blätter und Beeren
- Draht in Silber oder Gold, ø 1 mm
- Farbe in Gold und Pinsel (oder Goldspray)
- Nadel und Faden

STADTKULISSE
- Präge-Metallfolie in Gold, 3 Blätter a 19 cm x 30 cm
- dicke Nadel
- Transparentpapier, 3 Blatt a 19 cm x 30 cm
- Stapel alte Zeitungen (als Unterlage)

VORLAGE SEITE 75

Variations-Tipp

Statt lufttrocknender Tonmasse kannst du auch Knetmasse verwenden.

Stadtkulisse

1 Die Konturen der Stadt zuerst auf das Transparentpapier zeichnen. Für die Häuser das Papier waagerecht, für die Kirche senkrecht legen.

2 Die Zeichnungen genau auf die Folienblätter legen, mit Klebefilm von hinten befestigen und mit Bleistift leicht nachzeichnen. Dann das Transparentpapier abnehmen. Jetzt sind die Konturen auf der Folie sichtbar.

3 Die Dächer an den Konturen nachschneiden, die übrigen Konturen mit der Nadel nachstechen. Dabei auf der Zeitungsunterlage arbeiten.

4 Die Faltlinien zwischen den Häusern mal von hinten, mal von vorne mit Bleistift und Lineal nochmals nachzeichnen, dann die Häuser etwas zusammenfalzen und in Zickzackform aufstellen. Die drei Stadtteile können separat aufgestellt oder mit Klebefilm von hinten zusammengeklebt werden.

Gipsbinden-Schale

→ für Weihnachtsleckereien

MOTIVHÖHE
ca. 5,5 cm (nur der Elchkopf)

MATERIAL
- Schachtel, 20 cm x 14 cm x 5 cm
- Gipsbinde, 10 cm breit, 3 m lang (reicht bis zu 4 Schüsseln)
- Plusterstift in Rot
- Glitzerstift in Silber
- Windowcolor-Konturenstift in Gold
- Acrylfarbe in Weiß, Hellblau, Rot, Bordeauxrot, Beige und Gold
- Motivlocher: Eiskristall, ø 2 cm
- Scotch-Schwamm oder Haushaltsschwamm
- Kreppklebeband
- Klarlack
- kleines Schüsselchen mit Wasser

VORLAGE SEITE 77

1 Die Gipsbinde auf Schalen-Länge zuschneiden und kurz in Wasser tauchen, aber nicht kneten oder zu lange eintauchen, da das Gewebe sonst zusammenklebt! Dann die Gipsbinden-Stücke auf die Schachtel legen, feststreichen und mit feuchten Fingern glätten.

2 Nach dem Trocknen die komplette Schale mit weißer Acrylfarbe bemalen.

3 Die Elch-Vorlage im Kopiergeschäft kopieren, großzügig ausschneiden und auf die Rückseite Kohlepapier kleben, und zwar so, dass die beschichtete Seite später auf der Schachtel aufliegt. Die Eiskristalle gleichmäßig in einer Reihe aus einem Papierstreifen ausstanzen und so eine Schablone erstellen.

4 Die Elche auf die angemalte Schachtel übertragen. Dazu die mit Kohlepapier hinterklebten Vorlagen auf der Schachtel platzieren (siehe Abbildung) und die Linien mit Bleistift nachfahren. Die Eiskristall-Schablone mit Klebefilm platzieren. Evtl. muss die Schablone in den Ecken abgerundet werden, damit sie in die Schale passt. Mit dem Schwamm hellblaue Farbe auftupfen. Nach dem Trocknen die Eiskristalle mit dem silbernen Glitzerstift ausmalen.

5 Für die äußere und innere Randverzierung die Ränder mit Kreppklebeband abkleben. Die frei bleibenden Streifen mit Pinsel anmalen und außen mit dem Schwamm nachträglich marmorieren, dann das Kreppklebeband vorsichtig wieder abziehen.

6 Nach dem Trocknen die übertragenen Elche rot nachziehen. Die innere Randverzierung ebenfalls mit dem roten Plusterstift nachziehen. Nach dem Trocknen die äußere Verzierung unterbrochen mit Gold nachziehen.

7 Zum Schluss die Schale mehrmals mit Klarlack einsprühen, um sie nutzbar zu machen (feuchtes Abwischen möglich, um Weihnachtsgebäck hineinzulegen usw.).

Variations-Tipp

Auch Schachteln in anderer Größe, Pappteller oder Plastik-Obstverpackungen können auf diese Art und Weise verschönert werden. Ggf. müsst ihr dann aber mehrere Gipsbinden verarbeiten.

Gipsbinden-Windlichter

→ etwas für Könner

MOTIVHÖHE
ca. 9 cm

MATERIAL ORANGEFARBENES WINDLICHT

- Trinkglas, ø 7 cm, 8 cm hoch
- Gipsbinde, 10 cm breit
- Alufolie
- Glitzerstift in Gold
- Acrylfarbe in Rot, Bordeauxrot und Orange
- ÖNSKA-Schnur von IKEA, 1 m lang (= steife Paketschnur)
- 8 transparente Plastiksterne in Orange, ø 1 cm
- mehrere Zimtstangen, 3 cm lang
- mehrere Sternanis
- Holzleim/Kaltleim
- Scotch-Schwamm oder Haushaltsschwamm
- kleines Schüsselchen mit Wasser
- Teelicht

GRÜNES WINDLICHT

- Trinkglas, ø 7 cm, 8 cm hoch
- Gipsbinde, 10 cm breit
- Alufolie
- Glitzerstift in Gold
- Acrylfarbe in Sattgrün
- Windowcolor-Konturenstift in Gold
- Spiralkordel in Gold, 30 cm lang
- Scotch-Schwamm oder Haushaltsschwamm
- kleines Schüsselchen mit Wasser
- Teelicht

Orangefarbenes Windlicht

1 Das Glas außen glatt mit Alufolie einpacken und kopfüber stellen. 2 cm bis 3 cm breite Gipsbindenstücke abschneiden, die ca. 2 cm länger als die Glashöhe sein sollten. Kurz in Wasser tauchen, aber nicht kneten oder zu lange eintauchen, da das Gewebe sonst zusammenklebt. Den Glasumfang optisch in drei Teile teilen. Diese „Säulen“ auf dem Glas mit einer Lage Gipsbinden belegen. Die Gipsbinden sollten über den Glasboden lappen. Mit mehreren Gipsbindenstreifen die Unterseite des Glases auslegen und die Streifen durch Überstreichen mit dem Finger verkleben.

2 Die Schnur mit Klebefilm an der Alufolie fixieren und ungleichmäßig um das Glas wickeln. Das andere Schnurende ebenfalls mit Klebefilm fixieren. Erneut Gipsbinden über die Säulen legen. Diese nur andrücken und nicht verstreichen, damit die Struktur nicht verloren geht. Trocknen lassen.

3 Alles vom Glas abziehen und die Alufolie entfernen. Die Farben auf einen kleinen Teller geben. Einen leicht feuchten Schwamm in die Acrylfarben tunken. Die Gipsbindenstreifen sowie den Boden innen und außen betupfen. Ausgefranste Ränder mit der Schere begradigen. Das Gipsbinden-Schnur-Gebilde wieder über das Glas stülpen.

4 Mit Holzleim die Plastiksterne, die Zimtstangen und den Sternanis befestigen. Die Schnur und die Objekte mit dem Glitzerstift verzieren.

Grünes Windlicht

1 Das Glas außen glatt mit Alufolie einpacken. Dann mit der trockenen Gipsbinde umwickeln, 5 mm zugeben und abschneiden. Einen zusätzlichen Teil Binde für die Glasunterseite abschneiden.

2 Die Gipsbindenstücke kurz in Wasser tauchen und das eingepackte Glas damit umwickeln. Dabei die Kanten zum Verbinden leicht mit den Fingerspitzen aneinander drücken. Den Gips nicht glatt streichen, dadurch tritt die Gipsbindenstruktur klarer hervor. Das Glas kopfüber stellen, mit Gipsbinden die Unterseite des Glases auslegen und durch Überstreichen mit dem Finger verkleben.

3 Nach dem Trocknen das Glas herausziehen und die Alufolie entfernen. Den leicht angefeuchteten Schwamm in die Acrylfarbe tunken und damit die Gipsbinde innen und außen betupfen. Darauf achten, dass die Farbe nicht zu dick aufgetragen wird, um die Gipsbindenstruktur nicht ganz zuzumalen.

4 Nach dem Trocknen in 2 cm Abstand zum unteren Rand mit dem Konturenstift eine Linie mit Tannenbäumen und Schneemännern aufmalen.

5 Den Windlichtrand mit der Schere begradigen und die Kordel aufkleben. Zum Schluss das Windlicht mit dem Glitzerstift punktuell betupfen und diesen danach mit dem Finger verstreichen.

Anwendungs-Tipp

Lasst die Teelichter bitte niemals unbeaufsichtigt brennen!

OH, TANNENBAUM

Wie wäre Weihnachten ohne einen schön geschmückten Weihnachtsbaum? Bestimmt nur halb so schön. Deswegen gibt's in diesem Kapitel viele tolle Ideen für außergewöhnlichen Christbaumschmuck. Da dekoriert am Heiligen Abend garantiert jeder gerne mit!

Peppig mit Filz

→ festlich!

Baumkette

1 Die Motive mithilfe der Vorlage beliebig oft auf die verschiedenfarbigen Filzplatten übertragen und mit einer Schere ausschneiden. Für eine 1 m lange Kette braucht man ca. 17 Motive.

2 Die Vorderseiten der Filzmotive mit Glitter besprühen und gut trocknen lassen. Die Perlen im Wechsel auf den Nylonfaden aufziehen.

3 Mit einer Nadel einen ca. 15 cm langen Nylonfaden oben durch jedes Motiv ziehen, sodass das Motiv mittig auf dem Faden hängt. Auf beide Fäden eine farblich zum Filz passende Holzperle aufziehen und das Motiv an der Perlenkette anknoten. Beim Anknoten der Motive auf die Abstände achten. Zwischen den einzelnen Motiven sollten acht bis zehn Perlen sein. Den überstehenden Faden mit der Schere abschneiden.

Baumanhänger

1 Mithilfe der Vorlage die größeren Motive auf Tonkarton und die kleineren auf Filz übertragen und mit einer Schere ausschneiden.

2 Die Filzteile mit Glitter besprühen und nach dem Trocknen mit Kraftkleber auf die passenden Tonkartonmotive kleben.

3 Für die Aufhängung mit einer spitzen Nadel ein Loch oben in das Tonkartonmotiv stechen, den Nylonfaden durchziehen und auf beide Fäden die vier Perlen auffädeln. Die Nylonfäden miteinander verknoten.

Bastel-Tipp

Damit später nicht die ganze Wohnung glitzert, sprühst du den Glitter am besten im Freien auf oder legst die Filzteile dazu in eine Schachtel oder einen Schuhkarton.

MOTIVHÖHE
ca. 10 cm (einzelner Tannenbaum)

MATERIAL BAUMKETTE
- Filz in Orange, Rot und Pink, 1 mm stark, A4
- Holzperlen in Orange, Rot, Pink und Gold, ø 8 mm, Anzahl nach Belieben
- Glitterspray in Gold
- Nylonfaden, ø 0,25 mm
- Nadel

PRO BAUMANHÄNGER
- Tonkartonrest in Gold
- Filzrest in Orange, Rot oder Pink, 1 mm stark
- Glitterspray in Gold
- je 1 Holzperle in Orange, Rot, Pink und Gold, ø 8 mm
- Nylonfaden, ø 0,25 mm
- Nadel

VORLAGE SEITE 77

Pappmaché-Sterne

→ machen beim Basteln riesigen Spaß!

MOTIVHÖHE
ca. 10 cm

MATERIAL
- Altpapier
- Tapetenkleister
- Acrylfarbe in Gelb, Orange und Gold
- Papierrest in Gold
- Glitter-Liner in Gold
- warmes Wasser
- Haushaltssieb
- Plastikschneidebrett
- Schaschlikstäbchen
- Zwirn
- Schüssel
- Mixstab
- dünne Paketschnur (zum Aufhängen)

1 Das Altpapier in kleine Schnipsel reißen, in eine Schüssel mit warmem Wasser geben und ca. eine Stunde einweichen lassen. Das Papier in der Schüssel mit dem Mixstab zerkleinern, dabei evtl. von den Eltern helfen lassen.

2 Die Papiermasse durch das Sieb drücken, etwas Tapetenkleister hinzugeben und zu einem glatten Teig verarbeiten.

3 Aus der Masse auf dem Plastikschneidebrett die Sterne formen und mit dem Schaschlikstäbchen die Aufhängelocher einstechen. Die Sterne ca. zwei Tage lang trocknen lassen.

4 Nach dem Trocknen die Sterne anmalen, mit dem Glitter-Liner verzieren und kleine Goldpapierschnipsel zur Verzierung aufkleben.

Bastel-Tipp

Es gibt auch fertiges Pappmaché im Bastelladen zu kaufen, aber so ist es billiger und macht auch mehr Spaß.

Engelchen fliegt!

→ mit Kleidern in verschiedenen Techniken

MOTIVHÖHE
ca. 16,5 cm

MATERIAL
- Tonkartonreste in Weiß, Hautfarbe, Hellblau, Rosa und Hellgrün
- Transparentpapierrest in Weiß
- 12 Strasssteine in Pink, ø 4 mm
- 9 Strasssteine in Hellblau, ø 8 mm
- Strasssteine in Grün, 6 x ø 4 mm und 4 x ø 8 mm
- Märchenwolle in Orange und Gelb
- Satinband in Gelb, 3 mm breit, 1 m lang
- Filzstifte in Rot, Rosa, Hellblau, Grün und Schwarz
- Buntstift in Rot
- Lackstift in Weiß
- Wasserfarbkasten
- Strohhalm
- Malschwamm
- Nähgarn in Weiß

VORLAGE SEITE 78

1 Die Engelchen von der Vorlage abpausen und auf Tonkarton übertragen. Die Köpfe, die Kragen und die Körper ausschneiden.

2 Auf den rosafarbenen Körper rosa Wasserfarbe auftropfen und mit einem Strohhalm verpusten (siehe Abbildung). Auf den hellblauen Körper verschiedene Wasserfarben in Blautönen auftragen, das Kleid zusammenklappen und wieder auseinander ziehen (siehe ebenfalls Abbildung). Den hellgrünen Körper mit einem Schwamm betupfen. Hierfür gelbe, rote, blaue und grüne Wasserfarbe einfach über- und nebeneinander mit dem Schwamm auftupfen. Alles gut trocknen lassen.

3 Die weißen Kragen auf die Kleider kleben und mit Filzstiften verzieren. Nun die Köpfe aufkleben. Die Haare aus Märchenwolle ankleben und jeweils zu zwei Zöpfen binden. Jedem Engel Flügel aus Transparentpapier aufkleben. Die Gesichter aufmalen. Die Augen mit weißem Lackstift aufmalen, dann schwarz umranden, die Münder mit rotem Filzstift und die Wangen mit Anspitzresten vom roten Buntstift aufreiben.

4 Alle Kleidchen mit Strasssteinen verzieren. Einen Faden zum Aufhängen hinter dem Kopf befestigen.

Variations-Tipp

Wenn ihr die Kleider nicht mit Mustern verseht, sondern Namen darauf schreibt, dann könnt ihr die Engelchen auch als Geschenkanhänger verwenden.

Ganz schön edel

→ etwas aufwändiger

MOTIVDURCHMESSER BZW. MOTIVHÖHE
ca. ø 5 cm (Wachskugel)
ca. 8 cm (Engel)

MATERIAL WACHSKUGEL
- Wattekugel, ø 5 cm
- Kerzenreste in Rot und Weiß
- Konservendose
- Schaschlikstäbchen
- Kochtopf
- Flittersternchen in Weiß schillernd
- Nähgarn in Weiß

ANHÄNGER
- Prägefolienrest in Gold
- Kugelschreiber
- Pappkarton (als Unterlage)
- Lochzange
- Nähgarn in Weiß

Wachskugel

1 Das Kerzenwachs in der Metalldose im Wasserbad schmelzen. Dabei evtl. von einem Erwachsenen helfen lassen. Die Wattekugel auf ein Schaschlikstäbchen stecken und ins heiße Wachs tauchen. Diesen Vorgang ungefähr viermal wiederholen.

2 Auf die letzte heiße Wachsschicht einige Flittersterne streuen, nochmal kurz in Wachs tauchen und erkalten lassen.

3 Das Schaschlikstäbchen entfernen und für die Aufhängung etwas Nähgarn in das offene Loch stecken. Das Loch mit Wachs schließen.

Spar-Tipp

Für diese Wachskugeln könnt ihr prima alte Kerzenreste verwenden. Versucht auch mal andere Farben, das sieht auch sehr hübsch aus!

Anhänger

1 Frei Hand verschiedene Motive mit einem Kugelschreiber auf die Prägefolie malen.

2 Die Motive ausschneiden, mit der Lochzange Löcher einstanzen und mit dem Nähgarn aufhängen.

Laubsäge-Anhänger

→ Sägespaß garantiert!

MOTIVHÖHE
ca. 12 cm

MATERIAL
- Pappelsperrholz, 4 mm stark, A4
- Märchenwollrest in Weiß
- Acrylfarbe in Weiß, Gold, Hautfarbe, Rot und Braun
- Filzrest in Braun, 3 mm stark
- Paketschnur
- Zinkdraht, ø 1 mm, 30 cm lang
- Schmirgelpapier
- Holzleim
- wasserfester, dünner Stift in Schwarz
- Bohrer, ø 2 mm
- Laubsäge

VORLAGE SEITE 79

1 Den Engel und seine Flügel sowie den Nikolaus und dessen Stiefel mithilfe von Kohlepapier auf das Pappelsperrholz übertragen. Die Motivteile aussägen und abschleifen.

2 Den Engel in Weiß, seine Flügel in Gold, den Nikolaus in Rot und seine Stiefel in Braun bemalen. Das Nikolausgesicht in Hautfarbe aufmalen und trocknen lassen. Den Bart und den Pelz mit weißer Farbe auftupfen.

3 Die Flügel an den markierten Stellen durchbohren und den Draht daran befestigen. Dann die Flügel aufkleben. Für die Haare etwas Märchenwolle nehmen, in der Mitte mit Paketschnur abbinden und mit einem Tropfen Klebstoff aufkleben.

4 Der Sack für den Nikolaus frei Hand aus Filz ausschneiden, etwas Paketschnur umbinden und aufkleben. Die Füße mit Paketschnur befestigen.

Variations-Tipp

Wenn ihr den Motiven ein antikes Aussehen verleihen wollt, dann schleift die Kanten der bemalten Motive leicht mit Schmirgelpapier ab (wie z. B. an den Stiefeln zu sehen).

Baumschmuck aus Streichholzschachteln

→ etwas schwieriger

MOTIVHÖHE
ca. 13 cm (Kirche)

MATERIAL FÜR ALLE VIER ANHÄNGER

- 4 Streichholzschachteln
- Filzreste in Violett, Pink, Orange, Türkis, Blau, Hellgrün, Hellgelb und Weiß
- 10 Wollfäden in Orange, 7 cm lang
- Glitterstift in Silber
- Faden und Nadel (zum Aufhängen)

VORLAGE SEITE 79

1 Die Schachteln mit Filz bekleben. Dafür von der jeweiligen Farbe 5,5 cm x 12 cm zuschneiden, die Schachtel mit Klebstoff bestreichen, den Filzstreifen um die Schachtel legen und fest andrücken.

2 Für das Pferdchen den Kopf doppelt zuschneiden und nur oben zusammenkleben. Die unteren Kanten auseinander nehmen und auf die Schachtel aufkleben (siehe Abbildung). Für das Geschirr zwei ca. 4 mm breite Streifen zuschneiden, einen in Pink, einen in Orange, und diese wie abgebildet auf den Kopf kleben. Für den Sattel einen 2,5 cm x 8 cm großen Streifen in Pink und einen 1,5 cm x 6 cm großen Streifen in Orange zuschneiden, die Kanten abrunden und übereinander auf die Schachtel kleben. Für den Schweif die Wollfäden von innen an die Kante der Schachtel kleben (siehe ebenfalls Abbildung).

3 Für die Lok die Kabine und den Kamin jeweils doppelt zuschneiden. Diese nur oben zusammenkleben, die unteren Kanten auseinander nehmen und auf die Schachtel kleben. Zwei Fenster zuschneiden und von beiden Seiten auf die Kabine kleben. Für die Räder je vier Kreise mit ø 2 cm und 1 cm zuschneiden und aufkleben.

4 Für das Häuschen zwei gleiche Dachstücke ausschneiden und nur oben zusammenkleben. Die unteren Kanten auseinander nehmen und auf die beiden Schachtelseiten kleben. Vier 1 cm x 1,5 cm große Fenster zuschneiden und aufkleben.

5 Für den Turm der Kirche zwei 2 cm x 6 cm große Filzstücke zuschneiden. Diese ebenfalls nur oben zusammenkleben, die unteren Kanten auseinander nehmen und auf beide Schachtelseiten aufkleben. Aus zwei weißen Filzstücken das Turmdach zuschneiden. Das Kirchendach ebenfalls aus zwei weißen Filzstücken zuschneiden und beidseitig aufkleben.

6 Alle Figuren mit dem Glitterstift verzieren und mithilfe von Nadel und Faden aufhängen.

Anwendungs-Tipp

Wenn du willst, versteckst du kleine Geschenke oder Süßigkeiten in den Schachteln.

Weihnachtszeit ist Bastelzeit

Die Tage werden immer kürzer, die Einkaufspassagen immer voller und überall sind Weihnachtslieder zu hören: Kurz: Die Weihnachtszeit steht vor der Tür. Viele Kinder können es jetzt kaum noch abwarten, bis das Christkind kommt. Was tun, um die lange Wartezeit zu verkürzen? Wie wäre es mit einer gemeinsamen Bastelstunde für Groß und Klein, in der man zusammen hübschen Christbaumschmuck oder Geschenke für liebe Freunde und Verwandte bastelt? In diesem Buch gibt's dazu zahlreiche Anregungen.

Ruhepause im Weihnachtsstress

Haushalt, Job, allerlei Organisatorisches ... Viele Eltern finden nicht so viel Zeit für ihre Kinder, wie sie eigentlich gerne wollten. Gerade jetzt in der Vorweihnachtszeit, in der so viel zu erledigen ist, geht es manchmal ganz schön hektisch zu. Schade, nicht wahr? Wie wäre es, wenn Sie versuchen, sich ein paar Stunden freizuschaufeln und gemeinsam mit Ihren Kindern einen gemütlichen Bastelnachmittag (oder auch Vormittag) einlegen, Zeit, in der zusammen geschnipselt und gemalt, geformt und dekoriert wird. Sie werden sehen: Das macht Ihren Kindern riesigen Spaß – und Ihnen sicher auch. Und die Vorfreude auf Weihnachten wird dadurch nur gesteigert!

Dekorieren, naschen, backen ... Ihre Kinder helfen gerne mit!

Erst ein Spaziergang über verschneite Felder, dann gemütliches Zusammensitzen und Basteln – so könnte ein Adventssonntag aussehen

Das habe ich gemacht!

Erinnern Sie sich noch daran, wie es war, wenn Sie als Kind gebastelt oder ein Bild gemalt haben? Wie Sie völlig in sich versunken waren und nichts drum herum mitbekommen haben, als Sie vor sich „hingewerkelt" haben? Nur Sie und Ihre Farben waren in dem Moment wichtig, sonst nichts. Der Psychologe Mihaly Csikszentmihaly bezeichnet diesen Zustand auch als „Flow". Gerade für Kinder ist es wichtig zu erleben, wie sie selbst etwas gestalten und hinterher vorzeigen können, etwas, auf das sie stolz sein können! Spielen und Basteln sind in dem Alter nämlich nicht nur Freizeitbeschäftigung, sondern Mittel und Weg, die eigene Umwelt mit allen Sinnen zu erfahren und dabei sogar etwas zu lernen. Nur wer selbst gelbe und blaue Farbe ineinander rühren durfte, weiß, dass dabei Grün herauskommt. Und nur wer selbst eine Figur aus Knetmasse formen konnte, bekommt ein Gespür für Größenverhältnisse und Dreidimensionalität. Denken Sie daran: Das Ergebnis muss nicht unbedingt Ihren Schönheitsidealen entsprechen, sondern denen Ihres Kindes!

Was ist Weihnachten?

Weihnachten ist viel mehr als nur ein Sack voller Geschenke. Mit gemeinsamen Aktivitäten sorgen Sie dafür, dass Ihr Kind nicht nur fieberhaft auf den 24. Dezember wartet, sondern auch die Zeit davor genießt. Ein Adventskalender lässt die Spannung von Tag zu Tag steigen und macht das Warten nicht ganz so lange. Gemütliche Kaffeerunden an den Adventssonntagen werden schnell zu einer schönen Familientradition. Vielleicht lesen Sie sich gegenseitig Weihnachtsgeschichten vor oder singen gemeinsam? Basteln Sie zusammen Geschenke und Karten für liebe Freundinnen, Freunde und Verwandte. Oma und Opa freuen sich sicher mehr über etwas selbst Gemachtes als schnell Gekauftes. Versetzen Sie mit tollem Schmuck das ganze Haus in Festtagslaune. Ihre Kinder werden furchtbar stolz darauf sein, hier mitgewirkt zu haben, wenn von allen Seiten Lob kommt. Jetzt kann Weihnachten kommen!

SCHÖNER GRÜSSEN UND VERPACKEN

Über einen lieben Weihnachtsgruß freut sich jeder, insbesondere dann, wenn die Karten auch noch selbst gemacht sind. Hier gibt es Ideen für ganz persönliche Weihnachtskarten. Und auch selbst entworfenes Geschenkpapier darf natürlich nicht fehlen!

Karten im Korkendruck

→ Stempelspaß für die Allerkleinsten

1 Aus Tonkarton drei 23 cm x 17,3 cm große Karten zuschneiden. Die Karten mittig bei 11,5 cm knicken. Dazu mit Lineal und Schere eine Falzkante ziehen (siehe Abbildung).

2 Jeweils auf die Vorderseite die Motive mit einem Korken aufdrucken. Evtl. die Motive frei Hand mit einem Bleistift leicht vorzeichnen.

3 Für die Kerze unten einen Tannenzweig drucken, darüber die rote Kerze und den gelben Schein. Die Kerze trocknen lassen und dann den Docht mit einem Wattestäbchen auftupfen.

4 Für das Geschenk ein gelbes Rechteck aufdrucken. Nach dem Trocknen ein Strassherzchen in die Mitte kleben und oben eine Schleife platzieren.

5 Für die Schneemannkarte zuerst zwei Reihen für den Schnee auftupfen, darüber die Schneemänner aufdrucken. Nach dem Trocknen die Nasen aus Tonkarton aufkleben und Augen und Mund mit Filzstift aufmalen. Die fallenden Schneeflocken mit weißem Buntstift aufmalen.

6 Zum Schluss jeweils kleine Dreiecke in Orange, Rot und Hellgrün ausschneiden und damit die Ecken der Karten verzieren. Die Schmucksteine aufkleben und kleine Pünktchen zur Verzierung aufmalen.

Bastel-Tipp

Wascht den Korken bei jedem Farbwechsel gut aus oder verwendet pro Farbe einen neuen Korken, sonst vermischen sich die Farben miteinander.

MOTIVHÖHE
ca. 17 cm (hochformatige Karte)

MATERIAL
- Tonkarton in Orange, Rot, Dunkelblau und Hellgrün, jeweils 23 cm x 17,3 cm (für die Karten) und Reste (für die Ecken)
- Fingerfarben in Gelb, Rot, Grün, Schwarz und Weiß
- Satinband in Rot, 5 mm breit, 20 cm lang
- Herzstrasssteinchen in Rot, ø 5 mm
- 12 Schmucksteine Blümchen-Deko, ø 1 cm
- Korken
- Wattestäbchen
- Filzstift in Schwarz
- Buntstift in Weiß

Kleisterspaß

→ für außergewöhnliches Geschenkpapier

MOTIVHÖHE
ganz nach Belieben und Bedarf

MATERIAL GESCHENKPAPIER
- Papier (z. B. Zeichenblockpapier, Packpapier usw.), Größe nach Bedarf
- Tapetenkleister
- Batik- oder Seidenmalfarbe in Grün und Violett
- dicker Haarpinsel, Größe 12

GESCHENKTÜTE
- Biomülltüte aus Natronpapier
- Geschenkpapierrest (siehe oben)
- Tonkartonrest in einer passenden Farbe
- Kordel in Pink, ø 2 mm, 30 cm lang

Geschenkpapier

1 Den Tapetenkleister dick anrühren, mit Batik- oder Seidenmalfarbe vermengen und mit einem dicken Pinsel auf das Papier streichen.

2 Danach beliebige Motive mit dem Pinselstielende auf das Papier zeichnen. Gut trocknen lassen.

Variations-Tipp

Auf diese Art und Weise könnt ihr auch Geschenkpapier für Geburtstagsgeschenke gestalten. Malt in dem Fall z. B. Blümchen oder witzige Tiere auf.

Geschenktüte

1 Das Kleisterpapier und das Tonpapier passend zuschneiden.

2 Wie abgebildet auf die Biomülltüte kleben und die Kordel um das Päckchen binden.

Für Lea

Schenken mit Herz

→ lässt sich auch zu anderen Gelegenheiten verwenden

MOTIVHÖHE
ca. 6 cm (nur das Herz)

MATERIAL GESCHENKPAPIER
- Packpapier
- Filzrest, 3 mm stark
- aufgeschnittene Milchtüte
- Acrylfarbe in Rot und Gold
- Glitterliner in Gold
- Windowcolorfarbe in Weiß
- feiner Haarpinsel

GESCHENKANHÄNGER
- Fotokartonrest in Hellbraun
- Geschenkpapierrest (siehe oben)
- Stift in Schwarz
- Locher

VORLAGE SEITE 76

Geschenkpapier

1 Das Herz auf den Filzrest aufzeichnen, ausschneiden und auf ein passendes Stück Milchtüte kleben.

2 Dann den so entstandenen Filzstempel (siehe Abbildung) mit Acrylfarbe anpinseln und damit das Packpapier bedrucken. Gut trocknen lassen.

3 Um die roten Herzen mit goldener Acrylfarbe und einem dünnen Haarpinsel etwas größere Herzen ziehen. Mit dem Glitterliner und der weißen Windowcolorfarbe zwischen die Herzen noch wie abgebildet ein Muster malen.

Geschenkanhänger

1 Den Tonkarton in der Größe 7 cm x 12 cm zuschneiden und die oberen beiden Ecken schräg abschneiden.

2 Den Geschenkpapierrest auf die Größe 5,5 cm x 6 cm zuschneiden und aufkleben.

3 Mit einem schwarzen Stift beschriften und lochen.

Variations-Tipp

Auf diese Art und Weise könnt ihr auch für andere Feste tolles Papier bedrucken, z. B. mit Buchstaben.

Schöne
Weihnachten

Die Lebkuchenmännchen lassen grüßen

→ für leckere Weihnachtsgrüße

MOTIVHÖHE
ca. 8,5 cm (Geschenkanhänger)

MATERIAL
KARTE BZW. GESCHENKANHÄNGER MIT AUSGESTANZTEN LEBKUCHENMÄNNCHEN

- Klappkarte in Weiß, A6 (Karte) bzw. geprägter Karton mit Sternchenmuster in Weiß, 14 cm x 8,5 cm (Geschenkanhänger)
- Tonkartonreste in Rot und Gelb
- Tonpapierrest in Braun
- Satinband in Rot, 3 mm breit, 45 cm (Karte) bzw. 20 cm (Geschenkanhänger) lang
- Satinband in Gelb, 3 mm breit, 15 cm lang (nur für die Karte)
- je 2 Holzperlen in Gelb und Rot, ø 6 mm (nur für die Karte)
- Motivstanzer: Lebkuchenmännchen
- Zackenschere

KARTE MIT TRANSPARENTPAPIER

- Klappkarte in Beige, A6 lang
- Transparentpapier mit Lebkuchenmännchen, 18 cm x 23 cm
- Filzrest in Braun
- Tonkartonrest in Rot
- Satinband in Rot, 3 mm breit, 50 cm lang
- je 1 Holzperle in Rot und Gelb, ø 6 mm
- Glitterstift in Silber
- Zackenschere

VORLAGE SEITE 80

Karte bzw. Geschenkanhänger mit ausgestanzten Lebkuchenmännchen

1 Für die Karte aus dem roten und gelben Tonkarton je drei ca. 3 cm x 3 cm große Vierecke mit der Zackenschere zuschneiden. Sechs Lebkuchenmännchen aus braunem Tonpapier ausstanzen und mit einem Klebestift auf die Vierecke kleben. Die Vierecke auf die Karte kleben.

2 Das rote Band um die Karte legen und auf der rechten Seite mit dem gelben Band zusammen verknoten. Auf jedes Bandende eine Perle aufziehen und mit einem Knoten sichern.

3 Für den Geschenkanhänger den geprägten Karton in der Mitte falten und oben links mit einem Locher lochen. Die Männchen wie bei der Karte beschrieben aufkleben. Ein 20 cm langes Satinband durchziehen und verknoten.

Karte mit Transparentpapier

1 Das Transparentpapier mit einem Klebestift passgenau auf die Karte kleben. Mithilfe einer Schablone das Lebkuchenmännchen aus braunem Filz ausschneiden und Gesicht und Knöpfe mit dem Glitterstift aufmalen.

2 Ein 8,5 cm x 5 cm großes Rechteck mit der Zackenschere zuschneiden. Den Text mit Bleistift vorschreiben. Dabei evtl. von einem Erwachsenen helfen lassen. Mit dem silbernem Glitterstift nachmalen.

3 Das Lebkuchenmännchen und das Text-Rechteck nach dem Trocknen mit Klebestift auf die Karte kleben.

Anwendungs-Tipp

Dazu kannst du ganz toll selbst gebackene Plätzchen oder richtigen Lebkuchen verschenken.

Frohes Fest

3D-Karten

→ etwas schwieriger

MOTIVHÖHE
ca. 14,5 cm

MATERIAL PRO KARTE

- Karton in Weiß, 21 cm x 14,5 cm
- Buntstifte in Grün oder Rot und Hautfarbe
- Filzstifte in Grün, Rot und ggf. Schwarz
- Glitterstift in Silber
- Cutter und Schneideunterlage, z. B. dicker Karton
- Falzmesser oder Sticknadel

VORLAGE SEITE 80

Karte mit Tanne

1 Die Karte zuschneiden, in der Mitte mithilfe von einem Lineal und einem Falzmesser eindrücken (= falzen) und zusammenklappen.

2 Für die Tanne laut Vorlage 1 cm von der Oberkante entfernt vier unterschiedlich große Dreiecke direkt nacheinander aufzeichnen. Die Höhe der Dreiecke beträgt immer 3 cm, die unteren Kanten sind 4 cm, 6 cm, 8 cm und 10 cm lang. Jeweils die Seitenkanten der Dreiecke von den Enden der Dreiecksunterkanten bis zur Kartenmitte einzeichnen und falzen.

3 Die unteren Seiten aller vier Dreiecke mit dem Cutter anschneiden. Dann alle Dreiecksseitenkanten nach innen und die Mitte jedes Dreiecks nach außen zusammendrücken. Die Karte zusammenlegen und von der Rückseite her noch mal über die Karte streichen. Jetzt erscheint die Tanne plastisch und bewegt sich, wenn man die Karte auf- und zuklappt.

4 Die Tanne mit Buntstift anmalen. Die Grüße mit Filzstiften aufschreiben und die Karte mit dem Glitterstift verzieren.

Nikolauskarte

1 Die Grundkarte wie oben beschrieben herstellen.

2 Mitten auf die Karte laut Vorlage einen Nikolaus zeichnen, sodass die Nase genau in der Kartenmitte liegt. Den Nikolaus anmalen und die Konturen mit schwarzem Filzstift nachziehen.

3 Für die Nase mitten ins Nikolausgesicht einen Dreieck mit ca. 1 cm langen Seiten zeichnen. Dabei die untere Kante des Dreiecks rund zeichnen und anschließend mit dem Cutter anschneiden. Die zwei Seitenkanten des Dreiecks falzen und nach innen drücken, die Mitte nach außen. Die Karte zusammenklappen und von der Rückseite her kräftig darüber streichen. Die Nase erscheint jetzt plastisch und bewegt sich, wenn die Karte auf- und zugeklappt wird.

4 Die Karte mit dem Glitterstift verzieren.

Variations-Tipp

Statt mit dem Glitterstift könnt ihr die Karten auch mit kleinen, selbstklebenden Sternchen verzieren.

Frohes
Fest
Ein gutes
Neues
Jahr
Frohes
Fest
Ein gutes
Neues
Jahr

JUHU, GESCHENKE

Über Geschenke freut sich jeder. In diesem Kapitel gibt es viele schöne Geschenkideen für Mama und Papa, Oma und Opa, die Geschwister und liebe Freundinnen und Freunde. Viel Spaß beim Basteln und Verschenken!

Winterwald aus Marzipan

→ eine „süße“ Geschenkidee

1 Die Marzipanmasse in Grün, Rot, Gelb, Blau, Orange, Hellgrün, Hellbraun, Dunkelbraun und Schwarz einfärben. Dabei für die braunen Farbtöne das Marzipan mit Rot und Grün einfärben, für den schwarzen Farbton mit Rot, Grün und Blau. Jeweils die Masse so lange kneten, bis sich die Farbe gleichmäßig verteilt hat und der gewünschte Ton erreicht ist.

2 Für die Tannen grünes Marzipan spitz nach oben zusammenrollen und unten den Boden flach drücken. Dann mit Zeigefinger und Daumen die Seiten leicht anzupfen.

3 Die Tiere wie abgebildet aus der eingefärbten Marzipanmasse zusammensetzen. Die Köpfe am besten immer mit Zahnstochern befestigen. Dazu jeweils ca. 1 cm vom Zahnstocher abbrechen, den Kopf auf die Spitze setzen und das andere Ende in den Körper stecken.

4 Zuerst die Tannen auf den Teller setzen und alles mit Puderzucker bestreuen. Dann die Tiere aufstellen und die Vögel mithilfe von Zahnstocherstücken in die Tannen stecken. Der Winterwald ist ca. zwei Wochen lang essbar.

MOTIVHÖHE
ca. 8 cm (große Tanne)

MATERIAL
- 2 Päckchen Marzipanrohmasse, je 200 g
- Lebensmittelfarben in Rot, Gelb, Grün und Blau
- Puderzucker
- Sieb
- Teller in beliebiger Größe
- Zahnstocher

Bastel-Tipp

Wascht euch jedes Mal nach dem Einfärben der Marzipanrohmasse mit einer neuen Farbe die Hände gründlich ab, damit sich die Farben nicht miteinander mischen.

Eisbärenglas

→ für Geschwister

MOTIVHÖHE
ca. 19 cm

MATERIAL
- Glas mit Deckel, 12 cm hoch
- Toilettenpapier
- Strukturschnee
- Acrylfarbe in Weiß und Blau
- Irisflitter
- Knetmasse in Schwarz und Weiß
- Schleifenband in Rosa, 4 mm breit, 40 cm lang

1 Auf dem Glasdeckel aus Toilettenpapierkugeln und Kleber einen Bärenkopf formen. Dazu aus dem Toilettenpapier kleine Kügelchen mit ca. ø 1,5 cm formen und mit Flüssigklebstoff aneinander kleben (siehe Abbildung). Den Kopf mit Strukturschnee bedecken.

2 Das Glas weiß anmalen, dabei ein rundes Guckloch aussparen. Achtung! Dazu vorher den Deckel mit Kopf aufsetzen und zudrehen, damit das ausgesparte Loch genau unter der Schnauze sitzt.

3 Nach dem Trocknen das Glas stellenweise mit Strukturschnee betupfen. Dann den Eisbären wie abgebildet mit Weiß und Blau anmalen und in die noch nasse Farbe Flitter einstreuen.

4 Nach dem Trocknen aus Knetmasse die Nase und die Augen formen und aufkleben. Das Band um den Deckel kleben und vorne zu einer Schleife binden.

Anwendungs-Tipp

Am besten füllt ihr das Glas mit Süßigkeiten oder anderen Geschenken.

Willkommen im Kaufladen

→ wer will mit mir spielen?

MOTIVHÖHE
ca. 5 cm (Birne)

MATERIAL
OBST, GEMÜSE UND GEBÄCK AUS SALZTEIG
- 2 Tassen Mehl
- 2 Tassen Salz
- 2 Esslöffel Tapetenkleisterpulver
- ¾ Tasse Wasser
- Wasserfarben
- Sprühlack in Transparent
- 4 kleine Ästchen
- Schüssel

SCHACHTELN AUS FOTOKARTON
- Fotokarton in verschiedenen Farben, Größe je nach Bedarf und Wunsch
- Motivlocher: Tannenbaum und Herz

Obst, Gemüse und Gebäck aus Salzteig

1 Mehl, Salz, Tapetenkleisterpulver und Wasser zu einem glatten Teig verarbeiten und 30 Minuten stehen lassen.

2 Aus dem Salzteig verschiedene Obstsorten, Gemüse und Gebäck formen. Die fertigen Teile 24 Stunden an der Luft trocknen lassen und danach bei ca. 150 °C im Ofen backen. Dabei bitte unbedingt von den Eltern helfen lassen.

3 Danach mit Wasserfarbe anmalen und lackieren. Dann die Ästchen einkleben.

Variations-Tipp

Auch aus Pappmaché (siehe Seite 30) lassen sich witzige Sachen für den Kaufladen formen.

Schachteln aus Fotokarton

1 Den Fotokarton zu einem beliebig großen Rechteck zuschneiden.

2 Mit dem Lineal 2 cm von allen Seiten entfernt Linien ziehen und an jeder langen Seite von oben 2 cm lange Einschnitte machen (siehe Abbildung). Nun alle Laschen und die anderen faltbaren Teile nach innen falten und alles zu einer Schachtel zusammenkleben.

3 Die Motive mit den Motivlochern ausstanzen und damit die Schachteln verzieren.

Lieblings-Hausschuhe

→ für liebe Freundinnen und Freunde

MOTIVHÖHE
ca. 37 cm (Schuhbeutel)

MATERIAL HAUSSCHUHE

- Filzplatte in Braun, 3 mm stark, 60 cm x 48 cm
- Filzreste in Rot und Beige, 3 mm stark
- je 1 Pompon in Schwarz und Rot, ø 5 mm
- Stickgarn in Rot
- Nähnadel
- Stecknadeln
- dünnes Papier

SCHUHBEUTEL

- Baumwollstoff in Weiß-Rot getupft, 2 x 39 cm x 35 cm
- Filzreste in Rot und Dunkelbraun, 3 mm stark
- Kordel in Rot, ø 5 mm, 50 cm lang
- Wollrest in Orange-Rot, 6 cm lang
- je 1 Pompon in Schwarz und Rot, ø 5 mm
- Sicherheitsnadel
- Nähgarn in Rot und Weiß
- Nähnadel
- Stecknadeln
- Nähmaschine oder Nähnadel

VORLAGE SEITE 74

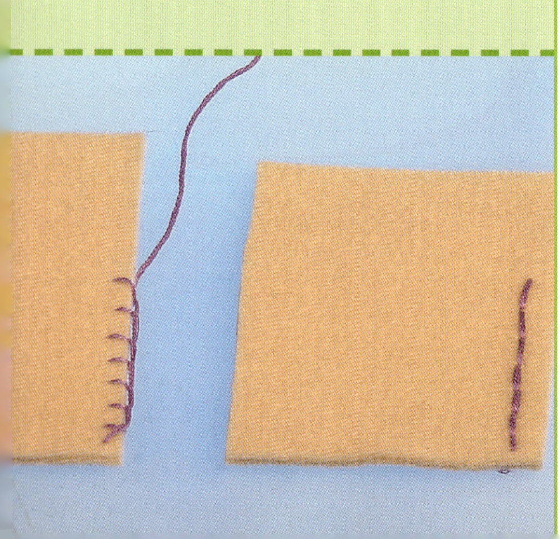

Hausschuhe

1 Zuerst die Schablonen für die Schuhteile herstellen. Dazu die Vorlagen auf dünnes Papier übertragen und ausschneiden. Die Schablonen dann mit Stecknadeln auf die Filzplatte stecken und ausschneiden.

2 Die Filzteile aufeinander stecken und mit dem Langettenstich (siehe Abbildung links) umsticken. Nachdem der Schuh umstickt ist, alles mit dem Vorstich (siehe Abbildung rechts) nachsticken und vernähen.

3 Das Herz, die Maus und das Mauseohr mithilfe von Schablonen auf die Filzreste übertragen, ausschneiden und aufkleben. Pompons als Auge bzw. Nasenspitze aufkleben.

Anwendungs-Tipp

Dieser Hausschuh hat die Schuhgröße 32. Für größere Hausschuhe (z. B. für Mama oder Papa) die Vorlagen für die Schuhe einfach entsprechend im Kopiergeschäft vergrößern.

Schuhbeutel

1 Auf eines der beiden Baumwollstoffteile die beiden Mausteile nähen. Dabei zuerst den Mausekörper mit kleinem Zick-Zack-Stich aufnähen, anschließend das Ohr. Das Mauseschwänzchen aus Wolle mit der Nähnadel annähen.

2 Die beiden Stoffteile mit den Oberseiten aufeinander legen und mit der Nähmaschine oder von Hand zusammennähen. Dabei eine der kurzen Seiten oben offen lassen.

3 Wenden, den Saum der offenen Seite ca. 2 cm nach innen schlagen und umsäumen. Dabei ungefähr 1 cm offen lassen. Mithilfe der Sicherheitsnadel die Kordel einziehen.

Knusperhäuschen

→ knusper, knusper, Knäuschen

MOTIVHÖHE
ca. 18,5 cm (Knusperhäuschen)

MATERIAL
HAUS
- Wellpappe in Rot, 24 cm x 30 cm
- Pappe, A2
- Satinband in Rot, 3 mm breit, 2 m lang
- verschiedene Süßigkeiten und Kekse
- Watte
- Puderzucker
- Tasse
- Löffel
- Limonade
- Locher
- Heißkleber oder starker Klebstoff

HÄNSEL, GRETEL UND DIE HEXE
- Tonkartonreste in Weiß, Hautfarbe, Gelb, Orange, Rot, Hellgrün, Hellblau, Rot, Lila und Schwarz
- Strasssteinchen, 1 x in Weiß und 2 x in Grün, ø 5 mm
- Filzstifte in Schwarz, Rot, Hellblau und Orange
- Lackstift in Weiß
- Buntstift in Rot

VORLAGE SEITE 72+73

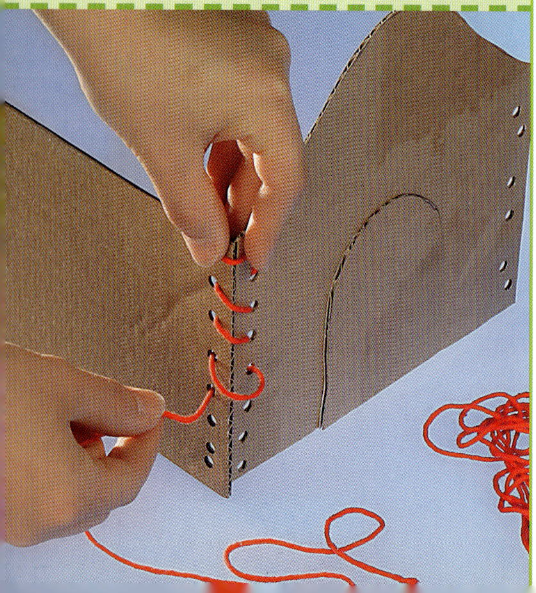

Knusperhäuschen

1 Für das Dach ein Rechteck von 24 cm x 30 cm zuschneiden. Die Seitenteile des Hauses aus Pappe anfertigen und oben die Klebekante am Falz knicken. Hier wird später das Dach aufgeklebt. Nun alle Pappwände an den Seiten in gleichmäßigen Abständen lochen. Die Wände aneinander legen und mit dem Satinband zum Haus verbinden, indem das Band von einer Pappe in die andere gefädelt wird (siehe Abbildung). Die Klebekanten mit Klebstoff bestreichen und das Dach aufkleben.

2 Das Dach vorne und hinten mit einem Watterand dekorieren.

3 Puderzucker in eine Tasse füllen und mit sehr wenig Limonade dick anrühren. Dann den Puderzucker-Kleister mit einem Löffel auf die Knusperhäuschenflächen auftragen und die Süßigkeiten sofort auflegen. Eine Nacht trocknen lassen, dann die nächste Seite ebenso dekorieren. Zum Schluss das Dach mit Keksen und Süßigkeiten bekleben.

Hänsel, Gretel und die Hexe

1 Die drei Figuren von der Vorlage abpausen, die einzelnen Motivteile auf Tonkarton übertragen und ausschneiden. Die Körper an den Falzkanten knicken und oben aneinander kleben.

2 Bei Hänsel vorher den lila Pullover hinterkleben. Die Hände bei Hänsel und Gretel von hinten hinter die Ärmel kleben. Bei der Hexe die Hände auf das Kleid kleben. Gretel erhält zusätzlich eine rote Schürze und einen weißen Kragen. Auf die Hose von Hänsel eine Tasche und einen Flicken kleben. Auf das Hexenkleid einen lila Flicken kleben und die Konturen mit hellblauem Filzstift aufmalen. Den Hut der Hexe anbringen.

3 Allen Köpfen die Haare aufkleben und die Gesichter aufmalen. Die Augen mit Lackstift auftragen und danach mit einem feinen schwarzen Filzstift umranden. Die Wangen mit Resten vom Buntstift aufreiben.

Spar-Tipp

Statt Satinband könnt ihr auch Wolle für das Zusammenfädeln des Hauses verwenden. Das ist etwas günstiger.

Winterlandschaft im Guckkasten

→ spannende Einblicke

MOTIVHÖHE
ca. 11 cm

MATERIAL

- Schuhschachtel, mittlere Größe
- Transparentpapier in Weiß, 14 cm x 25 cm
- Toilettenpapier
- Acrylfarbe in Weiß und Blau
- Strukturschnee
- Irisflitter
- Metallfolie oder glänzendes Papier in Blau und Silber, Reste
- 8 verschiedene Perlen, am besten in Weiß oder Transparent
- Faden und Nadel
- Knete oder FIMO® soft in Weiß, Blau, Orange und Schwarz
- Nagellack in Klar
- Messer

1 An der Stirnseite der Schachtel ein kleines Loch ausschneiden, das die Einsicht in das Schachtelinnere ermöglicht. In den Schachteldeckel ein großes Loch schneiden und dieses mit Transparentpapier überkleben, damit Licht in die Schachtel kommt. Dann die Schachtel und den Deckel außen weiß und innen blau anmalen und beim Deckel in die noch nasse Farbe etwas Flitter einstreuen.

2 Von der hinteren Wand ausgehend aus Toilettenpapierkugeln und Klebstoff eine Berglandschaft formen, die flach auf das vordere Ende der Schachtel zuläuft. Diese mithilfe eines Messers mit Strukturschnee überstreichen. Nach dem Trocknen alles mit weißer Farbe übermalen und Flitter in die noch nasse Farbe streuen.

3 Aus der blauen Folie frei Hand einen See zuschneiden und auf die flache Stelle kleben. Die Seitenwände mit Silberfolienstücken bekleben.

4 Aus Knete oder FIMO® soft die Tiere frei Hand formen. Dabei für den Eisbären etwas Orange ins Weiß mischen. Für die blauen Robben etwas Blau in das Weiß mischen. Wenn mit FIMO® soft gearbeitet wird, die Figuren im Backofen bei 130 °C 30 Min. aushärten. Die Tiere mit Klarlack übermalen, damit sie schön glänzen, und in die Schneelandschaft kleben.

5 Die Perlen oben am Deckel an unterschiedlich langen Fäden aufhängen. Die Fadenenden oben am Deckel mit Klebestreifen fixieren.

Variations-Tipp

Statt die Schachtel anzumalen könnt ihr sie auch mit Papierschnipseln bekleben, das sieht auch sehr hübsch aus.

Strohseiden-Windlichter

→ darüber freut sich jeder

MOTIVHÖHE
ca. 8 cm (Windlicht in Lila-Rot)

MATERIAL
WINDLICHTER MIT GERISSENER STROHSEIDE

- Gläser, ø 7 cm und 7,5 cm hoch bzw. ø 8 cm und 8 cm hoch
- Strohseidenreste in Orange, Rot und Lila
- Serviettenkleber
- Haarpinsel, Gr. 8
- 2 Teelichter
- Rocailles in Rot, ø 2,5 mm
- Wachsperlen in Lila, ø 4 mm
- Draht in Gold, ø 0,25 mm

WINDLICHT MIT WEISSEM WATTERAND

- Glas, ø 7 cm, 9 cm hoch
- Strohseide in Weiß und Rot, 9 cm x 23 cm
- Serviettenkleber
- Haarpinsel, Gr. 8
- Bastelwatte
- Teelicht
- Rocailles in Weiß und Rot, ø 2,5 mm
- Draht in Silber, ø 0,25 mm
- Stäbchen, ø 2 mm bis 3 mm (z. B. Schaschlikspieß)

Windlichter mit gerissener Strohseide

1 Die Strohseide in kleine Stücke reißen, das Glas Stück für Stück mit Serviettenkleber bestreichen und die Strohseidenstücke beliebig auflegen, bis das ganze Glas bedeckt ist. Mit Serviettenkleber nochmals über das ganze Glas streichen und trocknen lassen.

2 Die Teelichter in die Gläser stellen.

3 Für die Perlenverzierung bei dem Windlicht hinten rechts die Rocailles und Perlen nach Belieben auf ein ca. 1,5 m langes Stück Draht aufreihen. Den Draht mit den Perlen zusammen über einen Stift drehen. Die Spirale um das Glas wickeln und evtl. mit etwas Kleber fixieren. Hierzu ist evtl. die Hilfe eines Erwachsenen erforderlich.

Windlicht mit weißem Wattenrand

1 Das Glas komplett mit Serviettenkleber bestreichen, die Strohseide vorsichtig rund um das Glas auflegen und andrücken. Lufteinschlüsse oder Falten mit den Fingern nach außen wegstreichen. Komplett mit Serviettenkleber bestreichen und trocknen lassen.

2 Die Watte zu einem Schlauch ziehen und mit Kraftkleber am oberen Rand des Glases ankleben.

3 Die Rocailles und Perlen nach Belieben auf ein ca. 1 m langes Stück Draht aufreihen. Den Draht mit den Perlen zusammen über ein Stäbchen drehen. So entstehen die schönen Spiralen. Die Spirale um das Glas wickeln und evtl. mit etwas Kleber fixieren. Hierzu ist evtl. die Hilfe eines Erwachsenen erforderlich.

Spar-Tipp

Auf diese Art und Weise verleiht ihr z.B. alten Wassergläsern ganz besonderen Pfiff, müsst aber nicht besonders viel Material einkaufen.

Üppiger Perlenglanz

→ darüber freuen sich Mama oder Oma

MOTIVHÖHE
ca. 16,5 cm (Rahmen)

MATERIAL FÜR ALLE DREI MODELLE

- Decoart Glimmer-Allesfarbe in Kirschrot
- Fun Liner Glitter in Fuchsia und Reseda
- Blümchen-Deko-Schmucksteine in verschiedenen Farben und Größen, ø 1,8 cm, 1 cm und 6 mm

ZUSÄTZLICH FÜR DEN SPIEGEL

- Spiegelkachel, 15 cm x 15 cm
- 4 Strasssteine in Rosa, ø 5 mm
- Tonkarton in Hellgrün, 16 cm x 16 cm
- Cutter

ZUSÄTZLICH FÜR DEN RAHMEN

- Papp-Rahmen, 12 cm x 16,5 cm
- 3 Strasssteine in Rosa, ø 5 mm
- Bastelfarbe in Rotwein

WINDLICHT

- Teelichthalter aus Glas, ø 7 cm, 6 cm hoch
- Bastelfarbe in Rotwein
- Teelicht

Spiegel

1 Die Glimmerfarbe mit einem Pinsel wellenförmig am Rand auftragen und trocknen lassen. Diesen Vorgang zweimal wiederholen.

2 Nun mit dem Fun Liner die innere und äußere Kontur nachziehen und wieder trocknen lassen.

3 Die Schmucksteine wie abgebildet aufkleben. In die großen Steine zusätzlich noch einen Strassstein kleben.

4 Ein 16 cm x 16 cm großes Tonkartonquadrat ausschneiden und zur Deko hinterkleben.

Rahmen

1 Den Rahmen mit Bastelfarbe bestreichen und trocknen lassen. Nun die Glimmerfarbe zweimal auftragen und wieder trocknen lassen. Alle Ränder mit Fuchsia nachziehen.

2 Alle Ränder mit Fuchsia nachziehen. Mit dem Fun Liner in Reseda frei Hand die Zweige aufmalen und trocknen lassen.

3 Zum Schluss die Schmucksteine aufkleben. In die großen Blumen zusätzlich einen Strassstein kleben.

Windlicht

1 Den Teelichthalter unten mit der Bastelfarbe bestreichen und trocknen lassen. Nun die Glimmerfarbe auftragen und trocknen lassen.

2 Fun Liner-Linien oben als Blumenstängel auftragen und wieder trocknen lassen.

3 Die Schmucksteine als Blüten aufkleben.

Modern in Türkis

→ für alle, die es peppig mögen

MOTIVHÖHE
ca. 14,5 cm (Handytäschchen)

MATERIAL HANDYTÄSCHCHEN

- Filz in Türkisblau, 3 mm stark, 2 x 14 cm x 8,5 cm
- Bastelfilzrest in Türkisblau
- Rocailles in verschiedenen Farben, ø 2,6 mm
- Saumband in Türkisblau, 1 cm breit, 1 m lang
- Nähgarn in Pink und Weiß
- Stecknadeln
- Nähnadel
- Nähmaschine

SCHLÜSSELANHÄNGER AUS FIMO®

- FIMO® soft in Glitzer-Blau und Türkis
- Filzrest in Türkisblau, 3 mm stark
- Rocailles in verschiedenen Farben, ø 2,6 mm
- Nylonfaden
- Stickgarn in Rosa
- verschiedene Acrylperlen in Klar
- Wachsperlen in Creme, ø 6 mm
- kleiner Karabinerhaken und Schlüsselring in Silber
- Messer
- kleines Wellholz
- Küchenbrett
- Nähnadel

VORLAGE SEITE 76

Handytäschchen

1 Das Herz aus Bastelfilz ausschneiden und mit den bunten Rocailles besticken. Das bestickte Herz auf eines der beiden Filzteile kleben.

2 Das Band zwischen die beiden Filzteile legen, dabei die Enden unten einschlagen, damit es nicht ausfranst (siehe Abbildung). Dann die beiden Filzteile aufeinander stecken und zusammennähen.

3 Die Fäden verknoten und abschneiden.

Schlüsselanhänger

1 Aus FIMO® soft unterschiedliche Perlen herstellen. Die gerollten zweifarbigen Perlen werden aus zwei Platten hergestellt. Dafür die Platten einzeln ausrollen, aufeinander legen und noch mal zusammen ausrollen. Danach zu einer Rolle aufwickeln und mit dem Messer in dünne Scheiben schneiden. Die Scheiben evtl. zu einer Kugel rollen. Mit einer Nähnadel Löcher in die Perlen stechen, dann die FIMO®-Teile laut Herstellerangaben backen und auskühlen lassen. Dabei evtl. von einem Erwachsenen helfen lassen.

2 Nun nach Vorlage ein Herz aus Filz ausschneiden und mit dem Langettenstich (siehe S. 58) in Rosa umsticken. Die Rocailles mit Nylonfaden aufnähen.

3 Ein 15 cm langes, doppelt genommenes Stück Nylonfaden durch das Herz fädeln und einmal verknoten. Die verschiedenen Perlen auffädeln und am Karabinerhaken anknoten.

Variations-Tipp

Aus den FIMO®-Perlen könnt ihr auch Ketten, Armbänder usw. herstellen.

EEAGS
Sony Ericsson

Für Fußball-Fans

→ freut besonders Papas und Opas

MOTIVDURCHMESSER
ca. ø 3,5 cm (Schlüsselanhänger)

MATERIAL SCHLÜSSELANHÄNGER

- FIMO® in Weiß, Transparent-Glitzer und Schwarz
- FIMO®-Lack
- Ösen-Schraube in Silber, ø 5 mm
- Schlüsselring in Silber
- Schälmesser
- Wellholz

STIFTEBOX

- 2 Küchenrollen
- Fingerfarbe in Gelb, Rot und Schwarz
- Chenilledraht in Gelb, Rot und Schwarz, 30 cm lang
- Tonkartonrest mit Fußball-Motiv
- Heißkleber oder sehr starker Klebstoff

VORLAGE SEITE 76

Schlüssselanhänger

1 Einen halben Block Weiß und einem halben Block Transparent-Glitzer miteinander verkneten und eine Kugel mit ø ca. 3,5 cm daraus formen.

2 Die Vorlage für das Fünfeck mit Transparentpapier abpausen und ausschneiden. Die Schablone auf die schwarze, dünn ausgerollte FIMO®-Platte legen und mit einem Messer ausschneiden. Diesen Vorgang 16-mal wiederholen.

3 Die kleinen Fünfecke versetzt jeweils mit etwas Abstand zueinander auf den weißen Ball drücken. Mit der stumpfen Schälmesserseite kleine Rillen zwischen den Fünfecken einkerben. Die Öse eindrehen.

4 Den fertigen Fußball nach Packungsangabe im Ofen bei 130 °C ca. eine halbe Stunde backen. Dabei ggf. von einem Erwachsenen helfen lassen. Gut auskühlen lassen, mit FIMO®-Lack überziehen und wieder trocknen lassen. Dann den Schlüsselring durch die Öse ziehen.

Stiftebox

1 Die beiden Küchenrollen längs halbieren.

2 Die drei Küchenrollenhälften in den Farben Gelb, Rot und Schwarz mit Fingerfarben bemalen und gut trocknen lassen.

3 Die Hälften oben zusammenkleben und den Chenilledraht auf den Kanten befestigen. Bei der Verwendung von Heißkleber am besten von einem Erwachsenen helfen lassen. Wird starker Klebstoff verwendet, eine lange Trocknungszeit einplanen. Die überstehenden Enden abschneiden. Die kleinen Fußbälle aus dem Karton schneiden und auf die Ecken kleben.

Variations-Tipp

Selbstverständlich könnt ihr die Stiftebox auch in den Lieblings-Vereinsfarben des zu Beschenkenden anmalen.

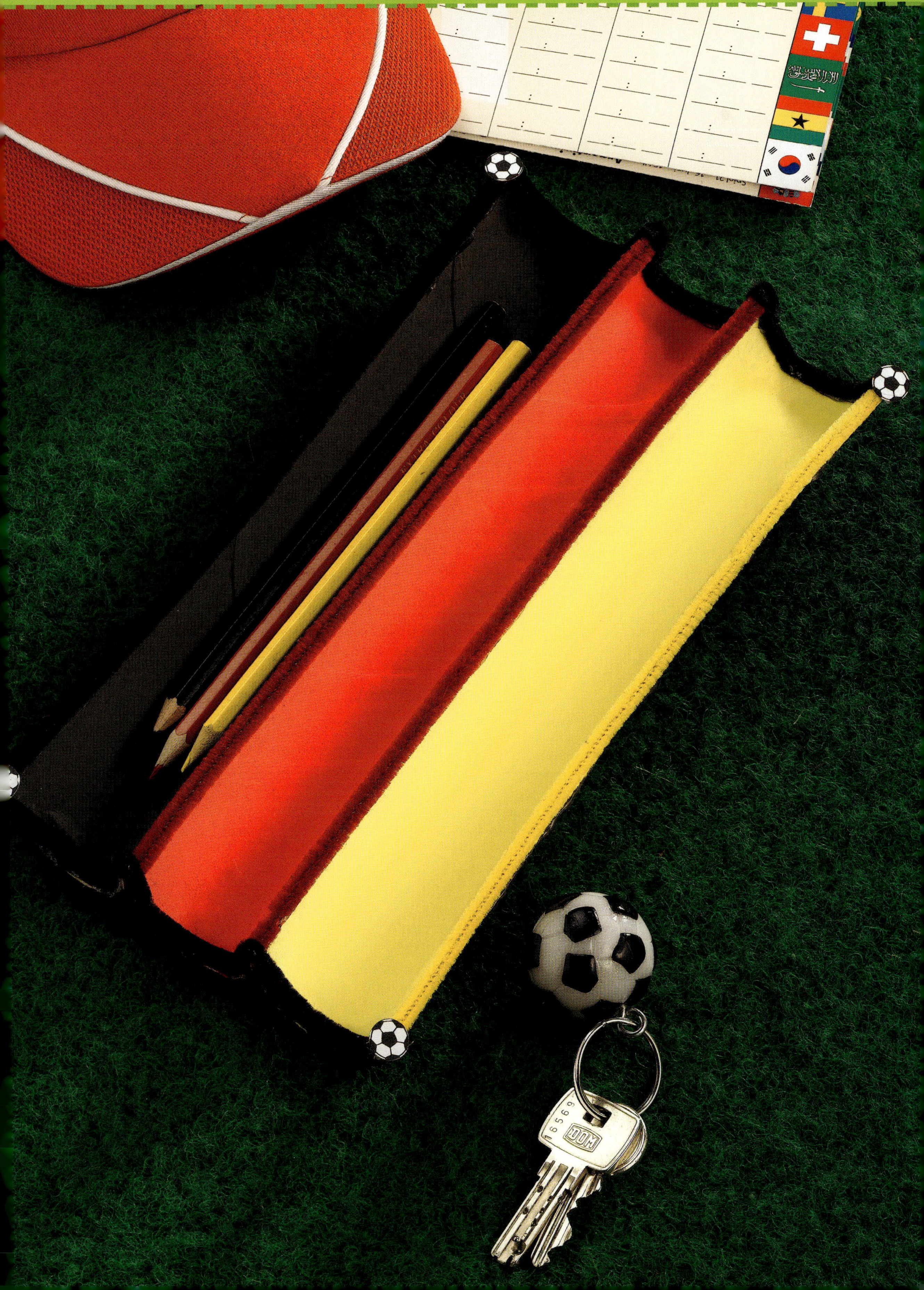

HINWEIS Manche Vorlagen hier im Buch wurden verkleinert. Diese Vorlagen bitte einfach mit dem angegebenen Vergrößerungsfaktor im Kopiergeschäft kopieren und dann diese Kopien wie normale Vorlagen nutzen.

Knusperhäuschen

SEITE 61

bitte auf 125 % vergrößern

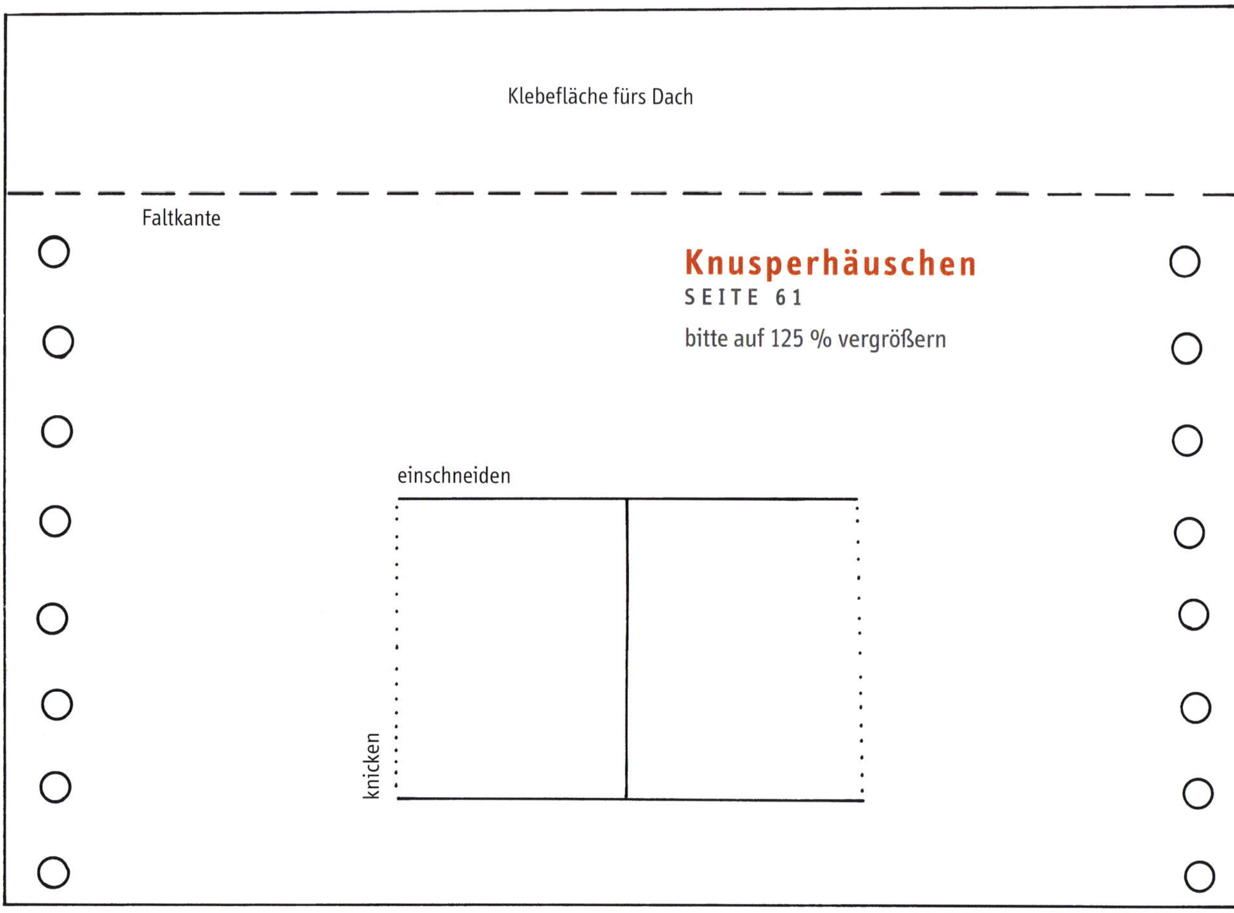

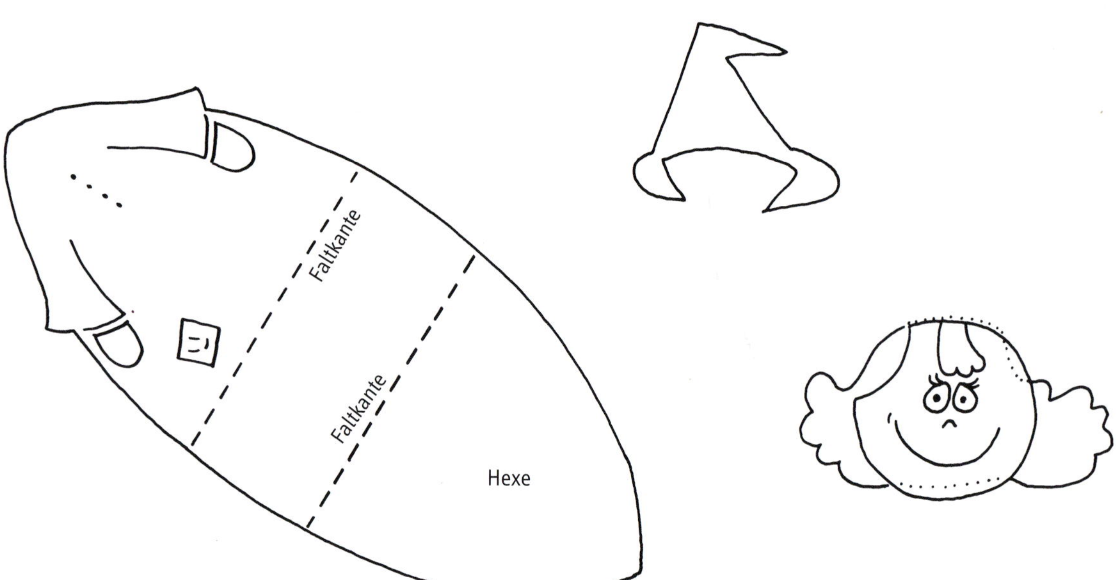

Knusperhäuschen

SEITE 61

bitte auf 125 % vergrößern

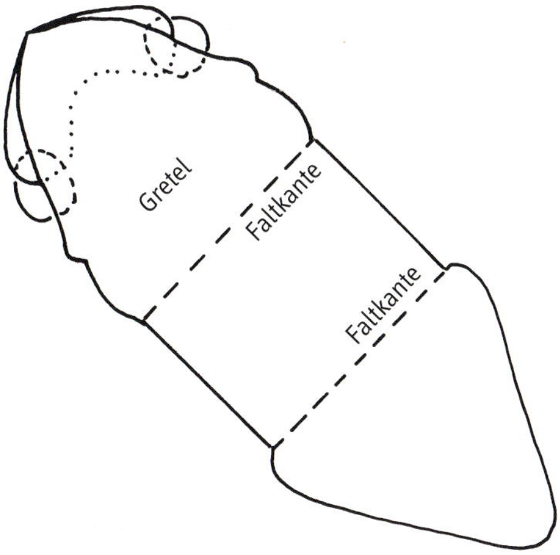

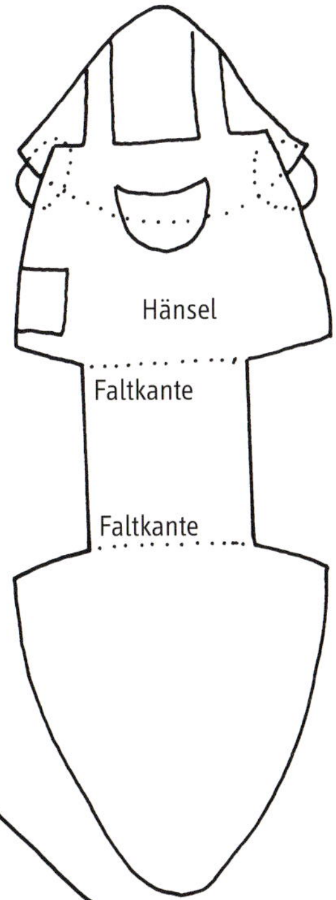

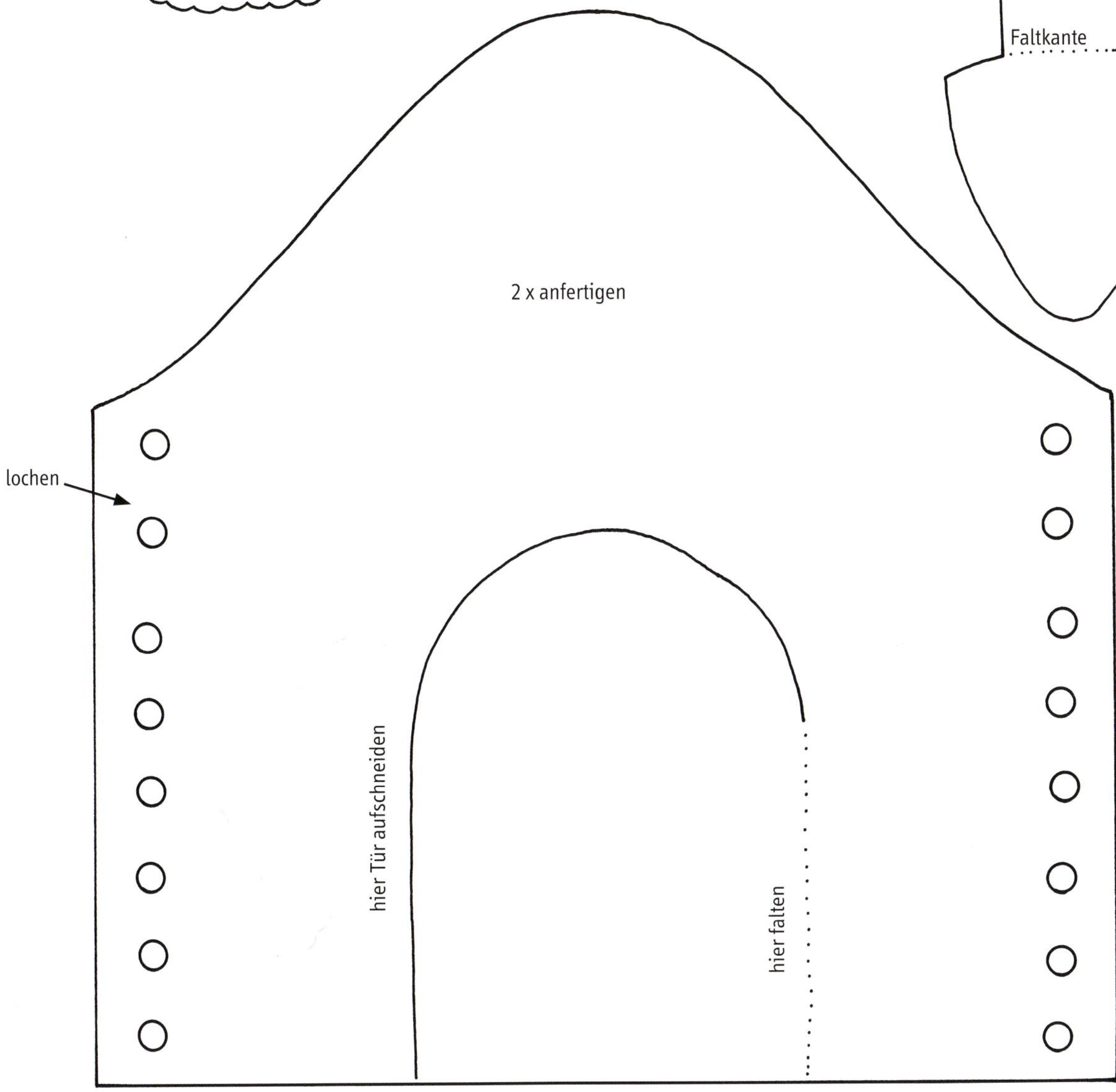

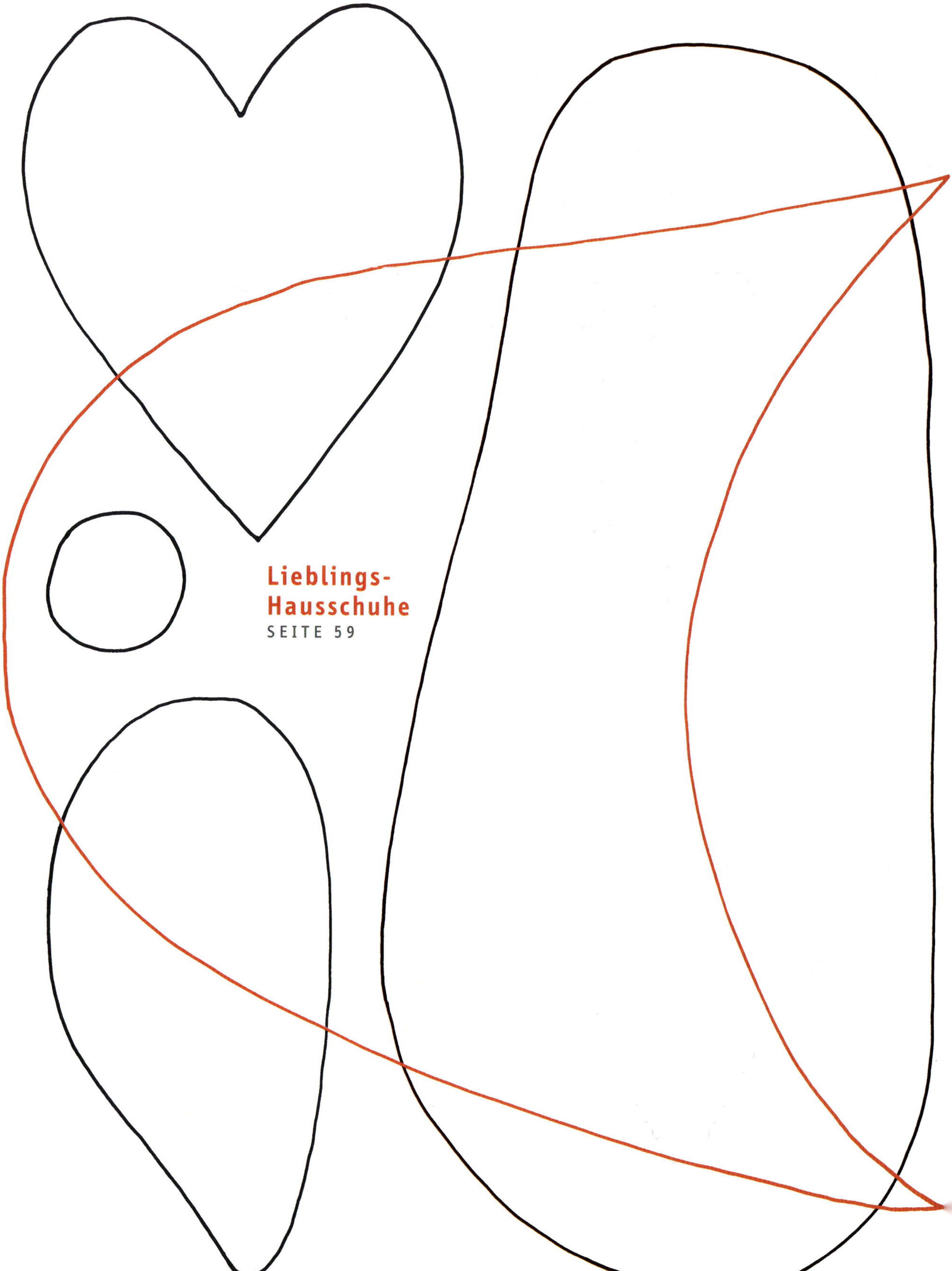

Lieblings-Hausschuhe
SEITE 59

Goldglanz

SEITE 23

bitte auf 200 % vergrößern

Für Fußball-Fans

SEITE 71

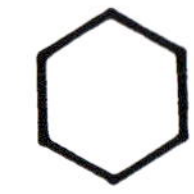

Eiskristalle

SEITE 13

Schenken mit Herz

SEITE 47

Modern in Türkis

SEITE 69

Peppig mit Filz
SEITE 28

Gipsbinden-Schale
SEITE 25

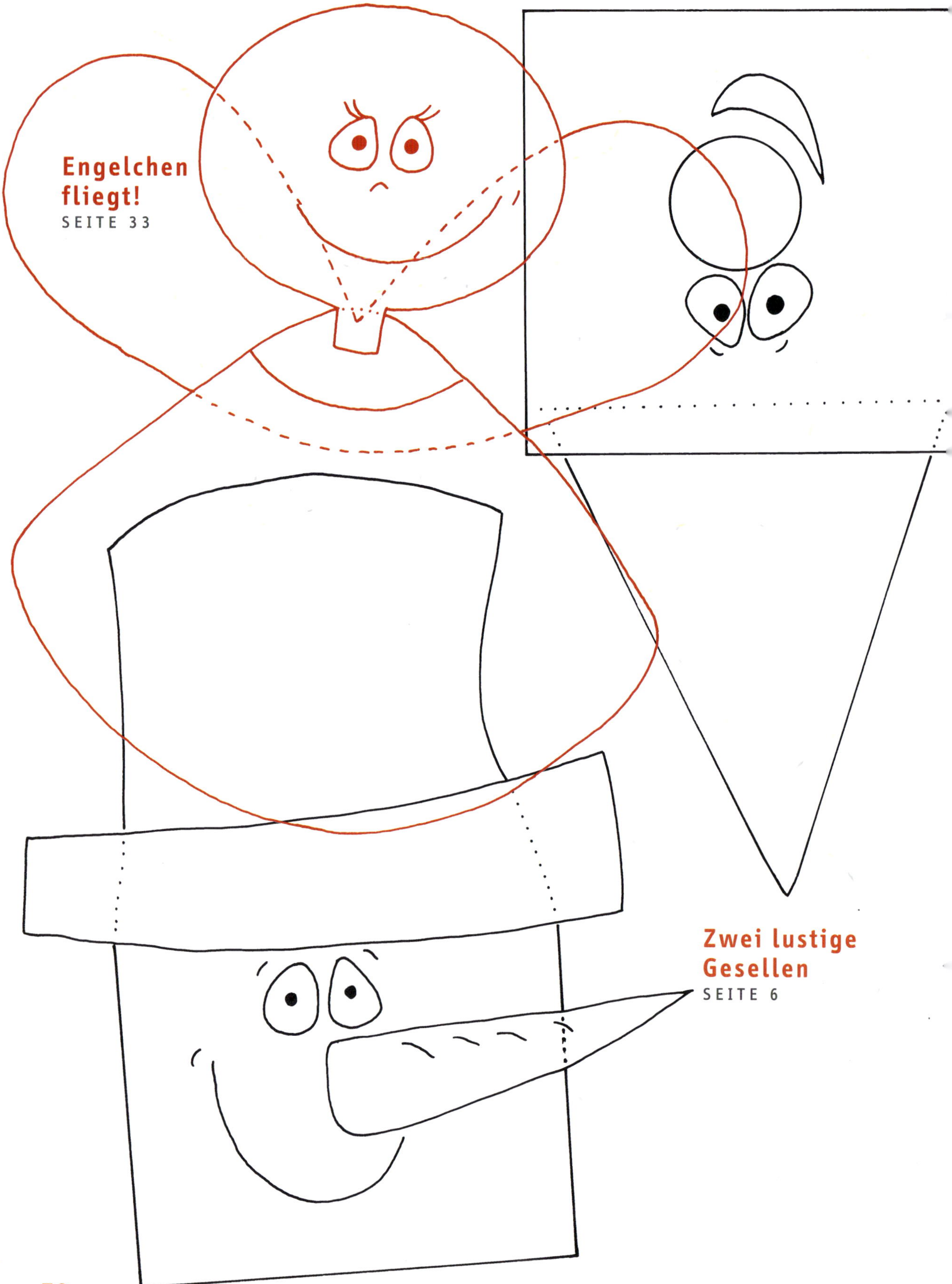

Engelchen fliegt!
SEITE 33

Zwei lustige Gesellen
SEITE 6

Baumschmuck aus Streichholzschachteln

SEITE 39

Laubsäge-Anhänger

SEITE 37

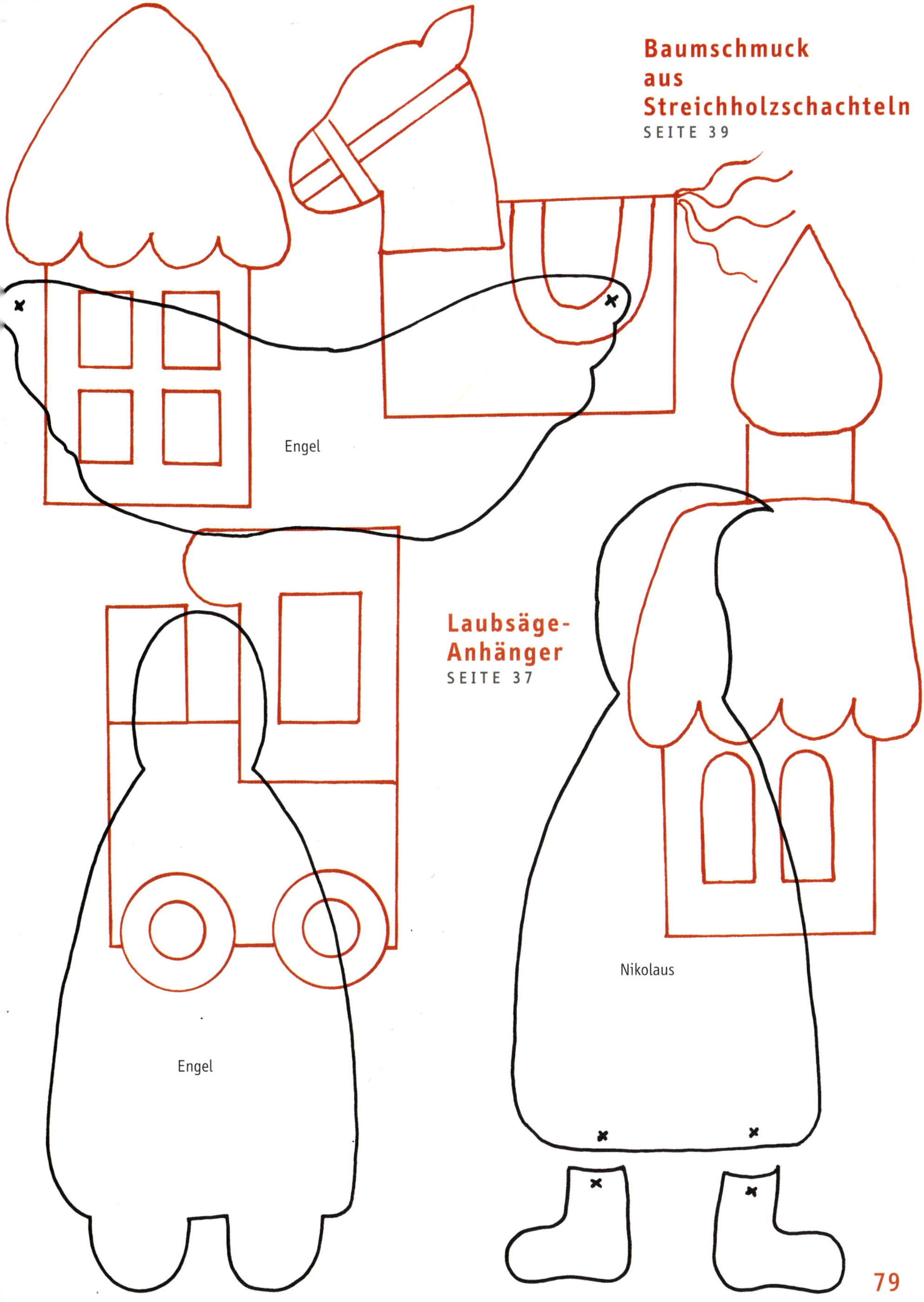

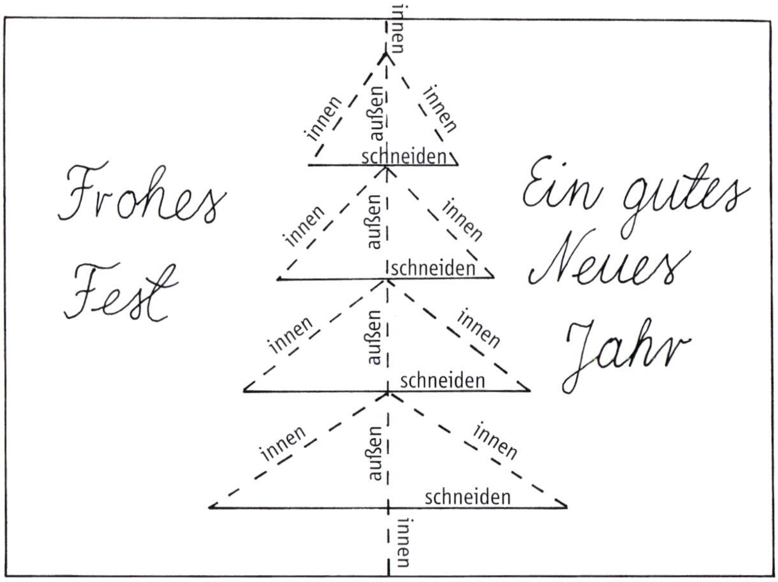

Die Lebkuchenmännchen lassen grüßen

SEITE 49

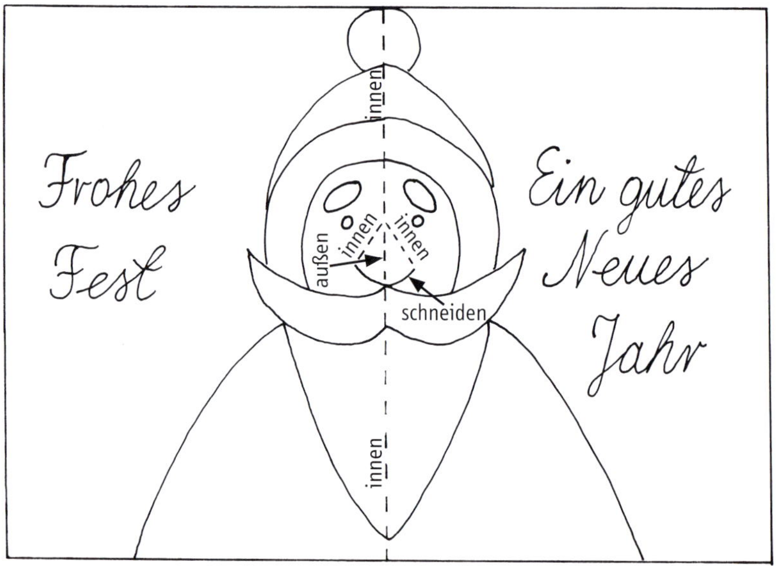

3D-Karten

SEITE 51

bitte auf 200 % vergrößern

Bei jeder Linie steht dabei, ob sie nach innen oder außen gefaltet werden muss.

IMPRESSUM

MODELLE: Sandra Blum (S. 8/9, 10/11, 16/17, 18/19, 20/21, 30/31, 34/35, 36/37, 44/45, 46/47, 56/57, 58/59, 68/69), Claudia Guther (S. 12/13, 24/25, 26/27), Kornelia Milan (S. 22/23, 38/39, 50/51, 52/53, 54/55, 62/63), Anja Ritterhoff (S. 6/7, 32/33, 42/43, 60/61, 66/67, 70/71), Ankje Serke (S. 14/15, 28/29, 48/49, 64/65)

PROJEKTMANAGEMENT UND LEKTORAT: Kim Krämer

LAYOUT: Karoline Steidinger

FOTOS: frechverlag GmbH, 70499 Stuttgart; Fotostudio Ullrich & Co., Renningen (alle gebastelten Modelle), mauritius images/JIRI (S. 40, Frau mit Kindern), mauritius images/Nordic Photos (S. 41, Winterspaziergang)

DRUCK UND BINDUNG: Finidr s.r.o., Cesky Tesin, Tschechische Republik

Auflage:	5.	4.	3.	2.	1.	
Jahr:	2010	2009	2008	2007	2006	[Letzte Zahlen maßgebend]

ISBN 10: 3-7724-5257-4
ISBN 13: 978-3-7724-5257-4
Best.-Nr. 5257